sual

de Microsoft
Office 2010

Patricia Scott Peña

MULTIMEDIA

GUÍAS VISUALES

RESPONSABLE EDITORIAL:
Víctor Manuel Ruiz Calderón
Susana Krahe Pérez-Rubín

DISEÑO DE CUBIERTA:
Ignacio Serrano Pérez

Todos los nombres propios de programas, sistemas operativos, equipos hardware, etc. que aparecen en este libro son marcas registradas de sus respectivas compañías u organizaciones.

Edición española:
© EDICIONES ANAYA MULTIMEDIA (GRUPO ANAYA, S.A.), 2010
    Juan Ignacio Luca de Tena, 15. 28027 Madrid
    Depósito legal: M. 23.973-2010
    ISBN: 978-84-415-2774-4
    Printed in Spain
    Impreso en: Lavel, S. A.

Microsoft Office es sin duda el paquete de aplicaciones para usuarios domésticos y de oficina más conocido en todo el mundo. Con esta nueva versión denominada Microsoft Office 2010, se sustituye la versión Office 2007 y se introducen distintas mejoras, principalmente en todo lo relacionado con la interfaz de las aplicaciones. Esta nueva versión facilita las comunicaciones entre los programas de Microsoft Office y las aplicaciones desarrolladas por otras compañías y permite a los usuarios adaptarse a los siempre cambiantes procesos de intercambio de información.

Es prácticamente imposible enumerar todas las novedades y características que ofrece este paquete de aplicaciones; sin duda este libro le ayudará a descubrir y a utilizar muchas de ellas. Gracias a su diseño, basado en descripciones y procedimientos paso a paso claros y sencillos, y apoyados en todo momento por infinidad de imágenes, podrá iniciarse en el manejo de este conocido paquete de aplicaciones para oficina.

El libro se divide en diez capítulos, centrándose cada uno de ellos en un programa concreto de Office 2010, excepto el primero y el último, en los que veremos opciones, herramientas y características que son comunes a todos, o a una parte importante de ellos, desde la cinta de opciones, hasta el intercambio de información e Internet, pasando por la corrección de texto y formato. Asimismo, aprenderemos a utilizar la nueva herramienta que nos proporciona Office para quitar el fondo de las imágenes, una opción parecida a la ofrecida en otro software de edición de imágenes. El contenido del libro es el siguiente:

- En el capítulo 1, **"Aspectos generales de Microsoft Office 2010"**, estudiaremos los elementos comunes de las ventanas de las aplicaciones que integran Office 2010.

- En el capítulo 2, **"Microsoft Word 2010"**, conoceremos los elementos que componen la ventana de la aplicación, aprenderemos a utilizar plantillas, a escribir texto y a desplazarnos por el documento, a aplicar formato al texto con efectos de texto, a cambiar la apariencia del documento, a utilizar la nueva galería de pegado y mucho más.

- En el capítulo 3, **"Microsoft Excel 2010"**, estudiaremos cómo trabajar con esta aplicación de hojas de cálculo. En él aprenderemos a crear un libro, a introducir datos, a generar gráficos de distintos diseños y formatos a partir de los datos introducidos en la tabla y a trabajar con funciones. Asimismo trataremos la nueva opción de minigráficos integrada en esta nueva edición del programa.

- En el capítulo 4, **"Microsoft Access 2010"**, aprenderemos a utilizar esta aplicación de creación y gestión de bases de datos. Comprobaremos que resulta de gran utilidad a la hora de almacenar determinado tipo de información y que permite acceder a determinados datos de forma precisa. Estudiaremos cómo crear tablas de datos, a desplazarnos por ellas, a buscar datos, a crear consultas, formularios e informes. Por último, conoceremos algunas de sus funciones de seguridad y comprobación de errores.

- En el capítulo 5, **"Microsoft Outlook 2010"**, nos adentraremos en esta aplicación de correo electrónico que nos permite además programar nuestra agenda gracias a las funciones de calendario y convocatoria de reuniones. Aprenderemos a escribir, enviar, recibir y leer mensajes, a personalizar el correo, a organizar nuestros mensajes por conversaciones, entre otras opciones.

- El capítulo 6, **"Microsoft PowerPoint 2010"**, explica cómo crear atractivas presentaciones sacándole el máximo provecho a todos los recursos de esta aplicación, introduciendo imágenes, texto e incluso archivos de audio y vídeo. Asimismo nos adentraremos en el establecimiento de transiciones e intervalos, conoceremos cómo se puede utilizar esta aplicación para crear nuestros propios álbumes de fotografías digitales y sabremos cómo empaquetar nuestras presentaciones.

- El capítulo 7, **"Microsoft Publisher 2010"**, está dedicado a esta interesante aplicación que nos permite crear publicaciones para nuestro uso personal o profesional. Esta herramienta nos ayuda a diseñar calendarios, tarjetas de visita, de cumpleaños, de invitación, etc., a preparar libros para imprenta, catálogos y anuncios de periódico. En fin, prácticamente cualquier documento que se pueda imprimir en papel (en nuestro domicilio o en una imprenta) y que esté destinado a tener una apariencia de impresión profesional.

- En el capítulo 8, **"Microsoft SharePoint Workspace 2010"**, aprenderemos a utilizar esta interesante aplicación que permite trabajar en grupo con distintos usuarios. Aprenderemos a crear un área de trabajo y a invitar a personas para compartir información.

- En el capítulo 9, **"Otras aplicaciones de Microsoft Office 2010"**, analizaremos brevemente la aplicación Microsoft InfoPath y estudiaremos lo que se puede hacer con este programa, introducido en Office 2007. La aplicación, diseñada para agilizar el proceso de recopilación y administración de información, permite realizar tres tareas principales: crear formularios dinámicos, rellenarlos y enviarlos a distintos sistemas compatibles. Constituye un método muy eficaz a la hora de recopilar información y ponerla a disposición de todos los usuarios de una organización. También trataremos Microsoft OneNote 2010, la aplicación de notas de Office con la que podemos crear notas como si fueran notas adhesivas, para ayudarnos a recordar tareas que debemos realizar. Asimismo, podremos tomar notas de reuniones y organizarlas dentro de las fichas ofrecidas por el programa. Cerraremos el capítulo con las aplicaciones ofrecidas como herramientas de Office, desde la configuración de idioma y las opciones de traducción, hasta el trabajo con el centro de carga oficial de Office.

- El capítulo 10, **"Otras funciones de Microsoft Office 2010"**, recoge algunas de las características comunes a los programas más importantes, como la inserción de imágenes y objetos así como las opciones de ortografía y gramática, la comprobación de la compatibilidad, la vinculación de archivos o cómo guardar documentos para un blog, así como la personalización de la barra de acceso y de la cinta de opciones.

Nuestra intención con este libro es que sirva a los lectores a adentrarse en las principales funciones y aplicaciones que proporciona este fantástico conjunto de programas para la oficina. Nos gustaría que encontraran en él una ayuda para alcanzar sus objetivos, ya sean profesionales o personales. Con este deseo, pasemos a descubrir la multitud de funciones que nos ofrece Office 2010.

Capítulo 1
Aspectos generales
de Microsoft
Office 2010

Ventana de la aplicación

Las aplicaciones de Office comparten una serie de elementos comunes en su interfaz.

- La barra de título muestra el icono del tipo de aplicación, la barra de herramientas de acceso rápido, el nombre del documento y los botones **Minimizar** (⬜), **Maximizar** (⬜) o **Minimizar tamaño** (⬜) y **Cerrar** (❌).

- En la barra de tareas de Windows 7, situada en la parte inferior de la pantalla, aparece un botón por cada una de las aplicaciones abiertas y minimizadas.

- Cada archivo abierto tiene una ventana de trabajo propia que puede seleccionar desde la barra de tareas.

- La ventana de la aplicación cuenta con la cinta de opciones, un área de trabajo, paneles y cuadros de diálogo.

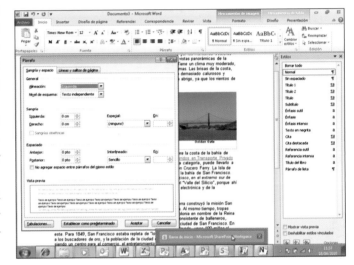

Cinta de opciones

Las aplicaciones de Office 2010 utilizan la cinta de opciones para mostrar los comandos utilizados con más frecuencia.

- La cinta de opciones agrupa los distintos comandos en fichas que, a su vez, se componen de grupos que contienen comandos y botones de listas desplegables. Al contraer una ventana, los grupos se pueden mostrar como botones en lugar de ofrecer todos sus comandos.

- Para desplegar una lista, haga clic con el ratón sobre una de las flechas. Para abrir una ficha, haga clic sobre ella. Para abrir fichas contextuales, haga clic sobre un objeto o elemento y posteriormente en la ficha correspondiente.

- Si una opción tiene asociada una sugerencia de teclas, aparecerá al colocar el puntero sobre ella.

- Para obtener una breve descripción de una opción, sitúe el cursor del ratón sobre ella para ver la sugerencia en pantalla.

Barra de herramientas de acceso rápido

Microsoft Office 2010 ofrece una Barra de herramientas de acceso rápido, que se puede personalizar y que contiene un conjunto de comandos independientes de la ficha activa. Esta barra de acceso rápido se encuentra encima de la cinta de opciones. Para cambiar su ubicación:

1. Haga clic en la flecha **Personalizar barra de herramientas de acceso rápido (▼)**.

2. Seleccione Mostrar debajo de la cinta de opciones.

3. Para devolver la barra de herramientas a su ubicación original, repita la operación pero, esta vez, Seleccione Mostrar encima de la cinta de opciones.

Barra de estado

Las aplicaciones de Office incluyen una barra de estado en su parte inferior. Esta barra puede ofrecer distinta información dependiendo de la aplicación en concreto, pero en general aquí puede encontrar la siguiente información:

- La acción que se encuentra actualmente en curso dentro de la aplicación.

- Datos concretos del archivo abierto, como número de página o diapositiva.

- Botones de estado acerca de elementos tales como la corrección ortográfica, el idioma, etc.

- Botones de vistas y barra de desplazamiento de Zoom.

Para personalizar la barra de estado, haga clic con el botón derecho del ratón sobre ella y seleccione o anule la selección de la opción deseada.

Menús contextuales

Los menús contextuales son menús asociados a un elemento mostrado en pantalla que ofrecen opciones concretas para dicho elemento. Para abrir un menú contextual:

1. Seleccione un elemento o un conjunto de elementos dentro del área de trabajo, como por ejemplo varios párrafos en un documento de Word o varias celdas en un documento de Excel.

O bien:

1. Sitúe el puntero del ratón sobre una zona concreta de la ventana.

2. Haga clic con el botón derecho del ratón. Aparecerá un menú emergente desde la posición en la que se encuentre el cursor.

Cuadros de diálogo

Un cuadro de diálogo es una ventana en la que se reúne un conjunto de controles para la introducción de datos o la elección de opciones.

- Para abrir un cuadro de diálogo, haga clic en el **Iniciador de cuadro de diálogo** (⬛) que se encuentra en algunos grupos de fichas.

- Un cuadro de diálogo puede estar constituido por varias fichas en las que se clasifica su información. Para ver su contenido, haga clic sobre la etiqueta de una ficha.

- Para cambiar la posición de un cuadro de diálogo, arrástrelo desde su barra de título.

- El tamaño de algunos cuadros de diálogo puede variarse arrastrando sus bordes.

- Una vez configuradas las opciones disponibles en un cuadro de diálogo, haga clic en el botón **Aceptar** para aceptar los cambios realizados o en el botón **Cancelar** para cerrar el cuadro sin aplicar los cambios.

Paneles de tareas

Los paneles de tareas, general-mente se anclan en un lateral de la ventana de la aplicación y muestran una serie de opciones a las que se puede acceder más fácilmente. En Office 2010, di-chos paneles de tareas se abren automáticamente al hacer clic en un botón **Iniciador de cuadro de diálogo** (), o al hacer clic en determinados comandos.

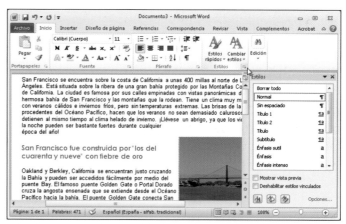

1. Para abrir los paneles de ta-reas, haga clic en un botón iniciador de panel de tareas (como el iniciador del panel de tareas del grupo Estilos en la ficha Inicio) o en un comando que abra un panel de tareas (como en el botón **Imágenes prediseñadas** del grupo Ilustraciones en la ficha Insertar).
2. Para cerrar los paneles de tareas, haga clic en su botón **Cerrar** () o hacer clic en la flecha desplegable () del panel y seleccione Cerrar.

Deshacer, Rehacer y Repetir

El botón **Deshacer** () permite anular la última acción efectuada mientras se tra-bajaba en un archivo. La opción **Rehacer** () vuelve a aplicar una acción deshecha anteriormente. La opción **Repetir** () vuelve a repetir la última acción efectuada.

- Para deshacer una o más acciones haga clic en el botón **Deshacer** de la barra de herramientas de acceso rápido o pulse **Control-Z**. O bien haga clic en la flecha desplegable junto al botón **Deshacer** e indique el número de acciones consecutivas anteriores a deshacer.

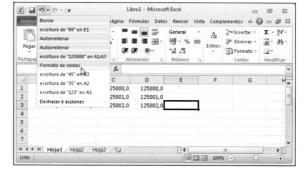

- Para rehacer una o varias accio-nes deshechas haga clic en el botón **Rehacer** de la barra de herramientas de acceso rápido o pulse **Control-Y**. O bien haga clic en el botón **Repetir** para repetir la última acción deshecha con **Deshacer**.

Ficha Archivo

La ficha Archivo reemplaza al **Botón de Office** incluido en la versión 2007 del programa. En esta ficha se incluyen las opciones recogidas en la siguiente tabla y el contenido de las mismas puede variar de una aplicación a otra para ajustarse a las opciones correspondientes:

Opción	Utilícela para
Guardar	Guardar el documento activo con el mismo nombre.
Guardar como	Abrir el cuadro de diálogo Guardar como y guardar el documento activo en el equipo proporcionándole un nombre.
Abrir	Abrir el cuadro de diálogo correspondiente para buscar y abrir un documento existente.
Cerrar	Cerrar el documento activo sin salir de la aplicación.
Información	Ver información sobre el documento activo.
Reciente	Mostrar los documentos en los que se ha trabajado recientemente.
Nuevo	Mostrar las plantillas sobre las que se puede crear un nuevo documento.
Imprimir	Mostrar las distintas opciones de impresión para el documento.
Guardar y enviar	Mostrar las distintas opciones de envío y guardado del documento.
Opciones	Abrir el cuadro de diálogo Opciones de la aplicación.
Ayuda	Mostrar las opciones de ayuda de la aplicación.
Salir	Cerrar el documento actual y salir de la aplicación.

Truco: Para abrir rápidamente el menú de la ficha Archivo, pulse **Alt-A**.

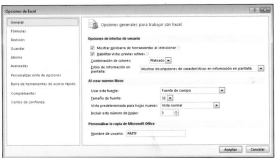

Ficha Complementos

Para ver la ficha Complementos, debe incluir un complemento en la aplicación. Para incluir un complemento:

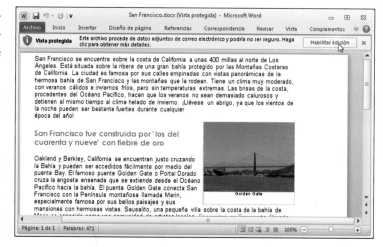

1. Seleccione la ficha Archivo y haga clic en **Opciones**.
2. Seleccione la ficha Complementos del cuadro de diálogo de opciones de la aplicación y haga clic en la flecha desplegable de Administrar.
3. Seleccione el grupo de complementos o plantillas que desea agregar y haga clic en **Ir**.
4. Seleccione el complemento o plantilla deseada de la lista y haga clic en **Aceptar**.

Vista protegida para documentos

Algunos documentos, especialmente los descargados de la Web o de un mensaje de correo electrónico, se mostrarán en una vista protegida. Para poder editarlo:

1. Abra un documento enviado como datos adjuntos en un mensaje de correo electrónico.
2. En la Vista protegida, haga clic en el botón **Habilitar edición**.

Para obtener ayuda sobre el documento en Vista protegida, haga clic en el vínculo que aparece debajo de la cinta de opciones.

Nota: No abra nunca un documento enviado como datos adjuntos si no confía completamente en el remitente ya que puede contener un virus o software dañino que puede comprometer a su equipo.

Compatibilidad con formatos PDF

En esta nueva versión de Office puede convertir sus documentos a formato PDF y enviarlos por correo electrónico.

1. Abra el documento Office que desea enviar como PDF.
2. Haga clic en la ficha Archivo del programa y seleccione Guardar y enviar.
3. Haga clic en **Enviar mediante correo electrónico** del panel central y después, en **Enviar como PDF** en el panel derecho de la ventana.
4. Se abre la ventana del programa de correo electrónico predeterminado del equipo con una copia del documento en `.pdf`, lista para su envío.
5. Escriba los datos correspondientes para enviar el mensaje de correo electrónico y haga clic en **Enviar** para finalizar la tarea.

Información del documento

En la opción Información de la ficha Archivo, podrá ver la información relacionada con el documento y podrá ejecutar las siguientes opciones:

- **Proteger documento:** Desde esta opción podrá marcar la copia del archivo como final, cifrar el documento con una contraseña, restringir la edición de determinados elementos, restringir permisos por personas o agregar una firma digital.
- **Comprobar si hay problemas:** Esta opción le ofrece la posibilidad de inspeccionar el documento, comprobar su accesibilidad y su compatibilidad.
- **Administrar versiones:** Con esta opción podrá recuperar documentos sin guardar y examinar las copias recientes de las versiones del mismo.

Ayuda en Office 2010

Office 2010 nos ofrece distintas opciones para obtener ayuda, incluyendo diversos recursos para obtener ayuda a través de ventanas por las que el desplazamiento es muy similar al de un explorador Web.

Ayuda sin conexión

Si el equipo no está conectado a Internet y necesita ayuda, puede buscar en los archivos locales y ver los resultados de la búsqueda. Cuando se utiliza este tipo de ayuda, la información adicional en línea no se encuentra disponible y en la esquina inferior derecha de la ventana de ayuda aparece el icono (Sin conexión). Para utilizar la Ayuda sin conexión:

1. Haga clic en el botón **Ayuda de Microsoft [Nombre del programa]** ( ) que se encuentra en la esquina superior de la ventana de las aplicaciones de Office.
2. En la ventana Ayuda de [Nombre del programa], haga clic en la lista desplegable de **Buscar** y seleccione Ayuda de [Nombre del programa] dentro de la sección Contenido de este equipo.
3. Escriba las palabras de la búsqueda en el cuadro Escriba aquí las palabras que desee buscar y pulse **Intro**.

Ayuda de Office.com

Para buscar ayuda de Office.com en las aplicaciones que componen el programa siga los pasos del procedimiento anterior, pero seleccione una de las opciones que se encuentran dentro de la sección Contenido de Office.com, o bien siga este otro procedimiento:

1. En la ficha Archivo, haga clic en Ayuda.
2. En el panel central, dentro de Soporte, seleccione la opción Ayuda de Microsoft Office para abrir el cuadro de diálogo mostrado anteriormente o la opción Introducción para ver una introducción a la aplicación correspondiente.

Desplazamiento por el cuadro de Ayuda

En la barra de herramientas de la ventana de Ayuda de Microsoft Office encontrará los siguientes botones que le ayudarán a desplazarse al tema de ayuda que necesita:

Icono	Nombre del botón	Utilícelo para
	Atrás	Desplazar hacia la búsqueda anterior.
	Adelante	Desplazar hacia la siguiente búsqueda.
	Detener	Detener la búsqueda.
	Actualizar	Actualizar la búsqueda.
	Inicio	Volver a la página de inicio.
	Imprimir	Imprimir el tema de ayuda en la impresora.
	Cambiar el tamaño de fuente	Aumentar o disminuir el tamaño de la fuente del tema de ayuda.
	Mostrar tabla de contenido	Ver y desplazarse por la tabla de contenido.
	Mantener visible	Mantiene visible el tema de ayuda.
	No visible	Oculta el tema de ayuda.
	Opciones de barra herramientas	Ocultar o mostrar botones de la barra de herramientas.

Alternar entre la ayuda de Office.com y la ayuda sin conexión

En la esquina inferior derecha de la ventana de ayuda se encuentra el menú del botón **Estado de conexión** indicando si se está utilizando la ayuda de Office.com o la ayuda sin conexión.

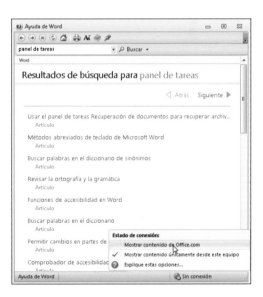

- Para ver la Ayuda de Office.com desde la ayuda sin conexión, seleccione la opción Mostrar contenido de Office.com en el menú del botón **Estado de conexión**.

- Para ver la ayuda sin conexión desde la ayuda de Office.com, seleccione la opción Mostrar contenido únicamente desde este equipo del menú del botón **Estado de conexión**.

Buscar y plantillas y cursos de formación

Se puede buscar un curso de formación o una plantilla en Office.com para su descarga. Al descargar una plantilla, se puede guardar en el equipo para su posterior uso. Para buscar plantillas o cursos de formación en Office.com:

1. Haga clic en el botón **Ayuda de [Nombre del programa]** (⑦) que se encuentra en la esquina superior derecha de la ventana de la aplicación.
2. En la ventana Ayuda de [Nombre del programa], haga clic en la lista desplegable del botón **Buscar**.
3. Seleccione Plantillas de [Nombre del programa] o Aprendizaje de [Nombre del programa].
4. Descargue la plantilla en su equipo haciendo clic sobre ella o siga un curso online seleccionando uno de los enlaces ofrecidos.

Ayuda en cuadros de diálogo

Se puede obtener ayuda específica relacionada con un cuadro de diálogo:

1. Haga clic en el icono **Ayuda** (⑦) que aparece en la esquina superior derecha del cuadro de diálogo para abrir el cuadro de diálogo Ayuda de [Nombre del programa].
2. Seleccione la opción o tema sobre el que se desee obtener ayuda.

Truco: Para obtener ayuda rápidamente dentro de la pantalla de cualquier aplicación de Office, pulse F1.

Cifrar documentos con contraseña

En Word, Excel y PowerPoint puede cifrar sus documentos con una contraseña siguiendo estos pasos:

1. Seleccione la ficha Archivo y haga clic en Información.

2. Haga clic en el botón Proteger [Nombre del documento] para abrir el menú desplegable.

3. Seleccione Cifrar con contraseña.

4. Escriba un nombre de contraseña en el cuadro Contraseña y haga clic en **Aceptar**.

5. Repita de nuevo la contraseña y haga clic en **Aceptar**.

Nota: En Access, para cifrar una base de datos con una contraseña, debe hacer clic en **Cifrar con contraseña** del menú Información y escribir la contraseña en el cuadro de diálogo que se abre.

Administrar versiones

En Word, Excel y PowerPoint puede recuperar documentos sin guardar siguiendo estos pasos:

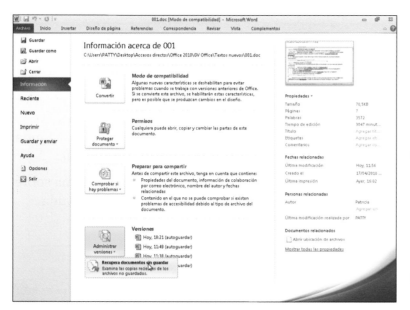

1. Seleccione la ficha Archivo y haga clic en Información.

2. Seleccione una de las versiones ofrecidas dentro de la sección Versiones.

O bien:

1. Haga clic en Administrar versiones y seleccione la opción para recuperar versiones.

2. Seleccione el documento sin guardar dentro del cuadro de diálogo Abrir y haga clic en **Abrir**.

Vista previa de documentos

Antes de imprimir un documento de Office, el programa nos ofrece la posibilidad de obtener una vista previa. Para ello:

1. Seleccione la ficha Archivo y haga clic en Imprimir.

2. En el panel derecho de la ventana podrá ver el documento antes de su impresión.

Configurar documento para su impresión

La configuración del documento para su impresión se lleva a cabo a través del menú Imprimir de la ficha Archivo. Desde aquí podrá:

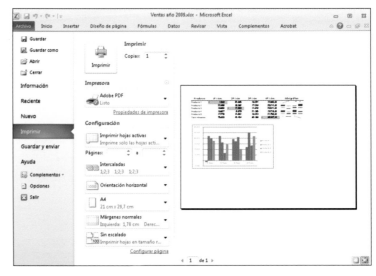

- Imprimir rápidamente en la impresora predeterminada haciendo clic en **Imprimir**.
- Seleccionar el número de copias a imprimir.
- Seleccionar la configuración desde las opciones de la sección o haga clic en Propiedades de impresora.
- Editar el encabezado y pie de página haciendo clic en el vínculo del mismo nombre.
- En algunas aplicaciones, podrá hacer clic en Configurar página para abrir el cuadro de diálogo correspondiente.

Abrir un documento

Para abrir un documento de Microsoft Office:

1. Haga clic en el botón **Iniciar** de Windows y seleccione Todos los programas>Microsoft Office>[Nombre del programa].

2. Haga clic en la ficha Archivo y posteriormente en **Abrir**. En el cuadro de diálogo Abrir:

   - Para ver el contenido de una carpeta, busque dicha carpeta y haga doble clic sobre su icono en la lista.

   - Para desplazarse a la ubicación anterior o hacia adelante, haga clic en la flecha **Atrás** (◀) o en la flecha **Adelante** (▶) respectivamente.

   - Para cambiar el aspecto de los elementos incluidos en la lista, haga clic en la flecha del botón **Cambie la vista** (▤ ▾) y seleccione una opción.

   - Para ver las propiedades de los archivos o cambiar el diseño del cuadro de diálogo, haga clic en la flecha del botón Organizar ▾.

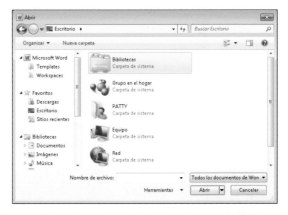

   - Para obtener una vista previa de los archivos, haga clic en el botón **Muestra el panel de vista previa** (▯).

3. Seleccione el archivo en la lista y haga clic en **Abrir**.

Nota: El botón **Abrir** incluye una flecha desplegable con diversas opciones alternativas. Las opciones disponibles dependerán del tipo de archivo elegido.

Crear un documento

Para crear un documento de Office:

1. Seleccione Todos los programas>Microsoft Office>[Nombre del programa] desde el botón **Iniciar**.
2. Seleccione la ficha Archivo y, posteriormente, Nuevo.
3. Seleccione un documento desde las plantillas y temas disponibles o cree un documento nuevo haciendo clic en el botón correspondiente a cada aplicación.

4. Haga clic en **Crear** o en **Descargar**, dependiendo del tipo de documento a crear seleccionado anteriormente.

Cambiar la configuración predeterminada de la aplicación

Para cambiar los valores predeterminados de cada aplicación, utilice el cuadro de diálogo Opciones que puede abrir haciendo clic en el botón **Opciones** de la ficha Archivo. En general, este cuadro de diálogo ofrece las siguientes opciones que puede modificar:

Opción	Utilícela para
General	Cambiar la interfaz o el nombre del usuario.
Guardar	Guardar documentos en otro formato, establecer ubicación de borradores o caché de documentos o incrustar fuentes en el archivo.
Idioma	Establecer las preferencias de idioma de Office.
Personalizar cinta de opciones	Ajustar la cinta de opciones y los métodos abreviados de teclado a su gusto.
Barra de herramientas de acceso rápido	Personalizar la barra de herramientas de acceso rápido.
Complementos	Administrar los complementos y las plantillas del programa.
Centro de confianza	Mantener los documentos seguros y el equipo protegido.

Trabajar con el Portapapeles

Con el Portapapeles de Microsoft Office se pueden copiar diversos elementos de texto y gráficos de documentos de Office u otros programas y pegarlos en otro documento de Office. Para mostrar el Portapapeles:

1. Haga clic en el iniciador del cuadro de diálogo Portapapeles en la ficha Inicio (ficha Mensaje en Outlook) dentro del grupo Portapapeles.

O bien:

1. Haga clic en el icono , si éste aparece en la bandeja de la barra de tareas de Windows 7.

Para copiar elementos en el Portapapeles:

1. Abra el Portapapeles.
2. Seleccione los elementos que se van a copiar en el área de trabajo de la aplicación.
3. Pulse **Control-C**.
4. El nuevo elemento aparecerá como una entrada en la lista del panel de tareas Portapapeles.

Para pegar un elemento:

1. Haga clic en la zona del documento donde se desee copiar un elemento.
2. Abra el Portapapeles.
3. Haga clic sobre el elemento a copiar o clic en **Pegar todo** para pegar todos los elementos copiados.

Para eliminar elementos del Portapapeles:

- Haga clic en **Borrar todo**.

O bien:

- Haga clic en la flecha que aparece al situar el ratón sobre un elemento concreto del Portapapeles y seleccione Eliminar.

Truco: Para desacoplar el Portapapeles, arrastre su barra de título hacia el área de trabajo. Para volverlo a acoplar, haga doble clic sobre su barra de título.

Opciones del Portapapeles

Para modificar las opciones del Portapapeles:

1. Abra el Portapapeles.
2. Haga clic en el botón **Opciones** y seleccione una de las siguientes opciones:
   - Mostrar automáticamente el Portapapeles de Office. Si el Portapapeles ya contiene un elemento, una copia nueva cualquiera hará que se abra automáticamente el Portapapeles.
   - Mostrar Portapapeles de Office al presionar Ctrl+C dos veces. El panel de tareas Portapapeles se abre al pulsar la combinación de teclas **Control-C** dos veces.
   - Recopilar sin mostrar el Portapapeles de Office. Si el Portapapeles no está abierto en ninguna aplicación, no se podrán recopilar elementos en él.
   - Mostrar el icono del Portapapeles de Office en la barra de tareas. Si el Portapapeles está abierto en cualquier aplicación de Office, el icono lo indicará en la bandeja de la barra de tareas de Windows.
   - Mostrar estado cerca de la barra de tareas al copiar. Al copiar un nuevo elemento, una etiqueta informa de la cantidad total de elementos en el Portapapeles.

Opciones del grupo Portapapeles

Los comandos incluidos en el grupo Portapapeles de la ficha Inicio (ficha Mensaje en Outlook) de las aplicaciones principales le ayudarán en su tarea de guardar y pegar.

- **Pegar** ( ): Incluye una lista desplegable con opciones para pegar elementos copiados anteriormente así como opciones avanzadas de pegado. Word además incluye la opción Establecer Pegar predeterminado que abre el cuadro de diálogo Opciones en la ficha Avanzadas para configurar los valores predeterminados de las acciones de copia y pegado.
- **Cortar** ( ): Corta la selección y la copia en el Portapapeles.
- **Copiar** ( ): Copia la selección en el Portapapeles para su posterior pegado.
- **Copiar formato** ( ): Copia el formato del elemento seleccionado para pegarlo.

Truco: Para seleccionar varios elementos adyacentes, seleccione el primer elemento, pulse **Mayús** y seleccione el último elemento. Para seleccionar varios elementos no adyacentes, seleccione un elemento y haga clic sobre el resto de elementos deseados mientras mantiene pulsada la tecla **Control**.

Galería Opciones de pegado

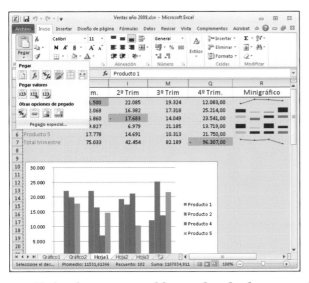

Esta edición de Office ofrece la posibilidad de utilizar la galería Opciones de pegado para pegar texto previamente copiado o cortado y ver los resultados que se van a obtener antes de ejecutar la acción final. Las opciones varían dependiendo del objeto copiado y de la aplicación. Para ver la galería Opciones de pegado:

1. Seleccione uno o varios elementos y haga clic en **Copiar** () o en **Cortar** () del grupo Portapapeles en la ficha Inicio (ficha Mensaje en Outlook).

2. Sitúe el cursor en el lugar donde desea copiar los elementos.

3. Desplácese por los distintos botones ofrecidos por la galería de Opciones de pegado (las opciones varían dependiendo de la aplicación y del tipo de elemento copiado) para comprobar los resultados en el documento.

4. Cuando esté seguro de la opción que desea utilizar, haga clic sobre ella.

O bien:

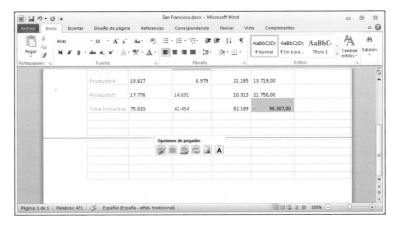

*   Tras seleccionar y copiar o cortar los elementos deseados, haga clic con el botón derecho del ratón en el lugar donde desea pegarlos.

*   Haga clic sobre una de las opciones ofrecidas en los distintos botones de la galería Opciones de pegado del menú contextual.

Truco: Para copiar o recortar rápidamente pulse **Control-C** y **Control-X** respectivamente. Para pegar un elemento copiado o cortado manteniendo su formato de origen, pulse **Control-V**.

Capítulo 2
Microsoft
Word 2010

Elementos de la ventana

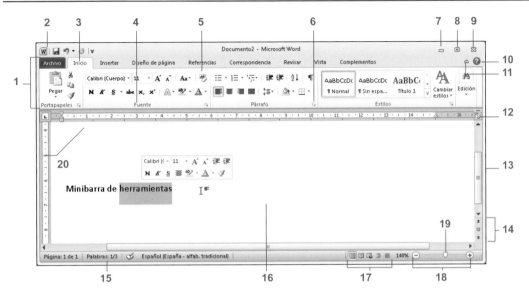

1. Cinta de opciones
2. Barra de herramientas de acceso rápido
3. Ficha
4. Grupo
5. Comando
6. Iniciador de cuadro de diálogo
7. Botón Minimizar
8. Botón Maximizar/Minimizar tamaño
9. Botón Cerrar
10. Ayuda de Microsoft Word

11. Botón Minimizar/Expandir cinta de opciones
12. Botón Mostrar u ocultar regla
13. Barras de desplazamiento
14. Botones de búsqueda
15. Barra de estado
16. Área de trabajo
17. Botones de vista del documento
18. Botones de Zoom
19. Barra de desplazamiento de Zoom
20. Reglas

- **Cinta de opciones:** Desde esta cinta puede acceder a cualquiera de las opciones del programa.
- **Fichas y Grupos:** Los comandos se organizan en grupos, que se reúnen en fichas. Cada ficha tiene relación con una determinada tarea. Si se contrae una ficha, puede aparecer como un botón con una flecha desplegable, como la ficha Edición en la figura.
- **Reglas:** Informan sobre las medidas de la página y permiten configurar los márgenes, las sangrías, las tabulaciones y otros formatos de página.
- **Punto de inserción:** Indica la posición en la que se insertará el texto.
- **Barra de estado:** Esta barra aparece dividida en varias secciones, en las que se muestran información sobre la página y sección abiertas, el idioma actual, página actual, número de palabras, etc. Esta barra también ofrece diversa información referente a las acciones que Word lleva a cabo en cada momento.
- **Minibarra de herramientas:** Es la barra contextual que aparece al realizar una selección, como la selección de texto de la figura, y desde la que se puede aplicar formato al texto.

Utilizar plantillas

Word cuenta con una serie de plantillas que facilitan la elaboración de determinado tipo de documentos. Para utilizar una plantilla de Word:

1. Haga clic en la ficha Archivo y seleccione Nuevo.

2. En la sección Plantillas disponibles, seleccione Plantillas de ejemplo para elegir la plantilla que desee utilizar.

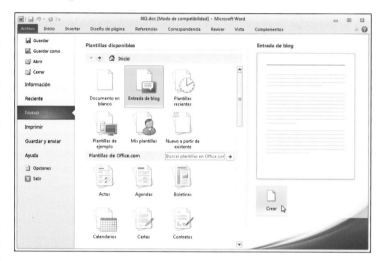

3. Si la plantilla no se muestra en dicha sección, elija alguna de las plantillas incluidas en Plantillas de Office.com para descargar una de las plantillas del sitio Web oficial de Office.

4. Tras seleccionar una plantilla, haga clic en **Crear** o en **Descargar**, dependiendo del tipo seleccionado.

Para crear un documento en blanco o un documento a partir de uno existente, siga el mismo procedimiento pero haga clic en **Documento en blanco** o en **Nuevo a partir de existente** respectivamente.

Truco: Para abrir un nuevo documento en blanco rápidamente, pulse **Control-U**.

Escribir texto

Word siempre inserta el texto a partir de la posición actual del punto de inserción. Para situar el punto de inserción en un lugar determinado del documento:

1. Utilice las barras de desplazamiento o cualquier otro método para acceder a la posición del documento en la que desee insertar el texto.

2. Coloque el puntero del ratón en el lugar donde desee situar el punto de inserción y haga clic.

3. Si el documento no se extiende hasta la posición señalada, haga doble clic con el ratón (sólo en las vistas Diseño Web y Diseño de impresión). Word insertará automáticamente los saltos de línea y la tabulación o alineación necesarias hasta alcanzar la posición del cursor.

4. Para terminar un párrafo e iniciar uno nuevo, pulse **Intro**.

Para insertar algún carácter o símbolo especial que no pueda localizar en el teclado:

1. Seleccione la ficha Insertar y haga clic en la flecha desplegable de Ω Símbolo del grupo del mismo nombre y seleccione uno de los símbolos mostrados. Si desea ver más símbolos, seleccione la opción Más símbolos para abrir el cuadro de diálogo Símbolo.

2. Utilice el cuadro de diálogo Símbolo para insertar un carácter especial o alguno de los caracteres del juego de tipo de letra, selecciónelo y posteriormente haga clic en **Insertar**.

3. Haga clic en **Cancelar** o en **Cerrar** para cerrar el cuadro de diálogo al terminar.

Para escribir ecuaciones matemáticas puede utilizar uno de estos métodos:

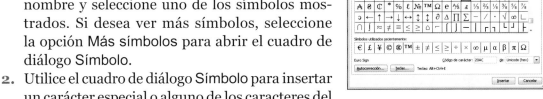

- Haga clic en la flecha desplegable de π Ecuación y seleccione una fórmula haciendo doble clic sobre ella.

- Haga clic en el botón **Ecuación** y escriba la ecuación en el cuadro que se abre en el área de trabajo, con ayuda de las opciones ofrecidas por la ficha contextual Herramientas de ecuación.

Seleccionar texto

Para poder realizar cualquier operación con el texto, como por ejemplo copiarlo o aplicarle formato, es necesario seleccionarlo previamente; para ello, siga estos pasos:

1. Sitúe el cursor donde desee comenzar la selección.
2. Arrastre el cursor hasta el otro extremo de la selección y suelte el botón del ratón.
3. Para seleccionar varios textos no consecutivos en un documento, mantenga pulsada la tecla **Control** mientras hace clic sobre el resto de textos utilizando el método de selección apropiado.
4. También puede crear un cuadro de selección precisando las dos esquinas del mismo mientras mantiene pulsada la tecla **Mayús**. Word aplicará cualquier operación posterior sólo al texto contenido dentro de dicho cuadro de selección.
5. Para anular la selección de texto, pulse la tecla **Esc**.

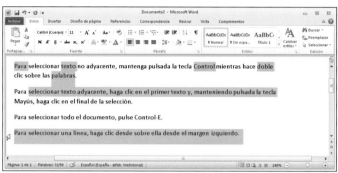

También puede utilizar las opciones ofrecidas por el botón que se encuentra en la ficha Inicio dentro del grupo Edición.

Métodos de selección

Texto	Método de selección
Palabra	Haga doble clic sobre la palabra.
Párrafo	Haga clic tres veces sobre el párrafo.
Línea	Haga clic a la izquierda de la línea apuntando con el cursor de flecha hacia dicha línea.
Todo el documento	Pulse **Control-E**.

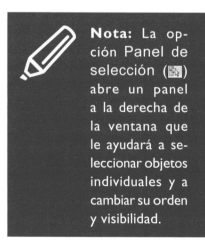

Nota: La opción Panel de selección (⬛) abre un panel a la derecha de la ventana que le ayudará a seleccionar objetos individuales y a cambiar su orden y visibilidad.

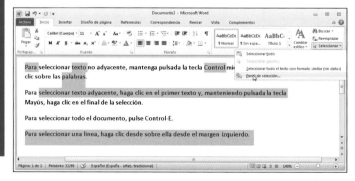

Copiar, cortar y pegar

Las opciones Copiar o Cortar del menú contextual que se abre al hacer clic con el botón derecho del ratón sobre una selección, copian el texto seleccionado en el Portapapeles. Copiar sólo copia el texto, mientras que Cortar además lo borra del documento de origen.

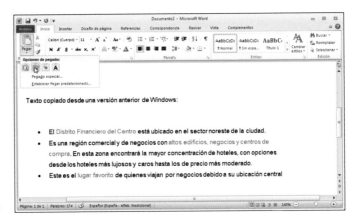

Para pegar el texto copiado en la posición actual del punto de inserción o sobre la selección actual se utiliza el menú de la galería Opciones de pegado, que puede abrir haciendo clic en la flecha de lista desplegable del botón **Pegar** del grupo Portapapeles en la ficha Inicio o haciendo clic con el botón derecho del ratón para ver la galería desde el menú contextual.

Al situar el puntero del ratón sobre los distintos botones de la galería, obtendrá una vista previa del resultado que va a obtener.

Haga clic sobre el botón deseado para pegar el texto. Se abrirá la etiqueta Opciones de pegado, que le ofrece de nuevo una galería de posibles formatos, dependiendo del formato de destino y de origen.

Estos comandos también se pueden ejecutar mediante los botones agregados a la ficha Inicio o a través de combinaciones de teclado.

Arrastrar y colocar texto

1. Seleccione el texto que desee cambiar de posición utilizando las técnicas descritas anteriormente.

2. Mantenga pulsado el botón del ratón mientras arrastra la selección hasta una nueva ubicación.

3. Suelte el botón del ratón cuando el cursor se encuentre en el punto a partir del cual desee insertar el texto. Aparecerá la etiqueta Opciones de pegado.

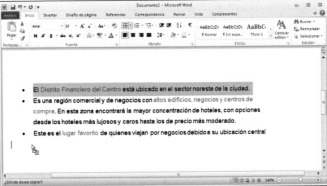

Buscar texto con el panel Navegación

En un documento extenso puede resultarle de gran utilidad el nuevo panel Navegación.

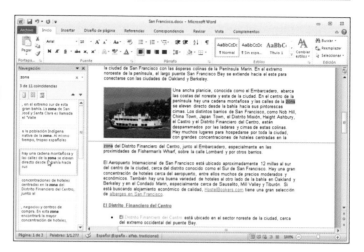

1. Haga clic en el botón [🔍 Buscar ▾] del grupo Edición en la ficha Inicio, o pulse **Control-B**.
2. Escriba una palabra de búsqueda en el cuadro de texto proporcionado al efecto y haga clic en **Buscar** ([🔍]).

En el panel Navegación aparecerán todas las instancias de la palabra buscada y también aparecerán resaltadas en el propio documento. Para desplazarse a una instancia en concreto, haga clic en el panel en la instancia que le interese. El cursor se desplazará a dicha instancia en el documento. Desde este panel puede acceder a distintas opciones de búsqueda y reemplazo haciendo clic en la flecha desplegable del cuadro de búsqueda. Por ejemplo, puede seleccionar **Búsqueda avanzada** ([🔍]), para abrir el cuadro de diálogo Buscar y reemplazar con la ficha Buscar activa.

Buscar y reemplazar

Para buscar y reemplazar un texto con ayuda del cuadro de diálogo Buscar y reemplazar:

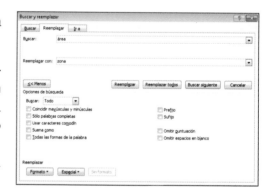

1. Seleccione la opción Búsqueda avanzada del botón **Buscar** en el grupo Edición dentro de la ficha Inicio o desde la flecha desplegable del cuadro de búsqueda dentro del panel Navegación.
2. En el cuadro de texto Buscar, escriba el texto que desea encontrar en el documento. Si además quiere buscar texto con algún formato, seleccione alguna de las opciones que aparecen en el panel inferior. Si no aparece éste, haga clic en el botón **Más**.
3. Haga clic en **Buscar siguiente** para ir localizando cada una de las coincidencias.

Para reemplazar un texto por otro escriba el texto a reemplazar en el cuadro de texto correspondiente de la pestaña Reemplazar y haga clic en **Reemplazar**. Para reemplazar todas las coincidencias simultáneamente haga clic en el botón **Reemplazar todos**.

Formato de fuente

1. Seleccione el texto al que se desee aplicar formato o sitúe el punto de inserción en el lugar donde desee comenzar a escribir un texto con un nuevo formato.

2. Seleccione la ficha Inicio y haga clic en una de las opciones de formato presentadas en el grupo Fuente. Para seleccionar más opciones, haga clic en el iniciador del cuadro de diálogo Fuente de dicho grupo. El cuadro de diálogo está compuesto por dos fichas. El área de vista previa del cuadro permite observar el efecto de cada una de las modificaciones antes de aplicarlas.

Las dos fichas del cuadro de diálogo Fuente son:

- **Fuente:** En esta ficha se puede elegir el tipo de letra, estilo, tamaño, color y otros efectos.

- **Avanzado:** Permite seleccionar la escala del texto, el espaciado entre caracteres y la posición relativa vertical con respecto a la línea base además de incluir características de Opentype.

También puede aplicar texto desde la minibarra de herramientas. Para abrirla:

1. Seleccione el texto al que desee aplicar formato.

2. Sitúe el puntero del ratón sobre la minibarra de herramientas semitransparente hasta que aparezca completamente.

3. Haga clic sobre las opciones deseadas.

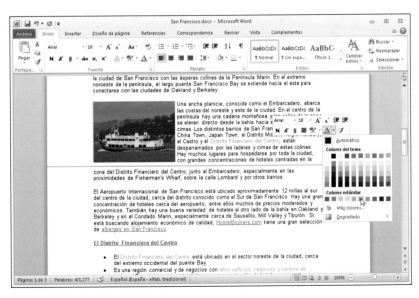

Formato de párrafo

El texto de un documento se organiza en párrafos. A cada párrafo de un documento se le puede aplicar una serie de formatos propios siguiendo estos pasos:

1. Sitúe el punto de inserción en cualquier parte dentro del párrafo cuyo formato desea modificar o bien al comienzo de un párrafo nuevo.

2. Seleccione la ficha Inicio y haga clic en una de las opciones del grupo Párrafo o haga clic en el iniciador del cuadro de diálogo Párrafo para abrir el cuadro de diálogo del mismo nombre. Éste está compuesto por dos fichas. El área de vista previa permite apreciar el efecto de cada modificación.

   - Sangría y espacio: Está divida en tres secciones con las que se puede controlar la posición relativa de las líneas del párrafo con los márgenes, los párrafos anterior y posterior, y entre ellas mismas.
   - Líneas y saltos de página: Esta ficha permite elegir unas cuantas opciones adicionales como, por ejemplo, el comportamiento del párrafo al llegar al final de una página.

3. Para fijar tabulaciones personales en el párrafo, seleccione la ficha Líneas y saltos de página y haga clic en **Tabulaciones**.

4. Indique la posición y tipo de cada una de las tabulaciones, así como si desea incluir algún carácter de relleno hasta dicha tabulación.

Algunos de los formatos de párrafo más comunes están incluidos en el grupo Párrafo de la ficha Inicio:

   - Para alinear texto, utilice los botones **Alinear texto a la izquierda**, (▤), **Centrar** (▤), **Alinear texto a la derecha** (▤) o **Justificar texto** (▤).

   - Para establecer el interlineado de párrafos, utilice el menú desplegable del botón **Espacio entre líneas y párrafos** (↕▾).

   - Para establecer sangrías, utilice los botones **Disminuir sangría** (▤) y **Aumentar sangría** (▤).

Numeración y viñetas

Para aplicar un formato de numeración y viñetas a sus párrafos siga estos pasos:

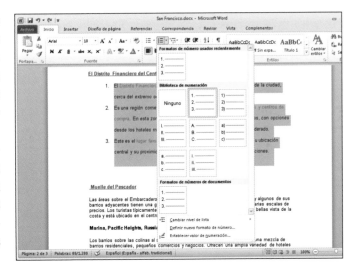

1. Sitúe el cursor en el párrafo al que se desea aplicar este formato o bien seleccione un conjunto de párrafos para aplicar la numeración o las viñetas a todos ellos simultáneamente.

2. Haga clic en la flecha desplegable del botón **Numeración** (⊞) del grupo Párrafo en la ficha Inicio para acceder a los estilos de numeración ofrecidos y seleccionar uno de ellos haciendo clic sobre él.

2. Haga clic en la flecha desplegable del botón **Viñetas** (⊞) del grupo Párrafo en la ficha Inicio para acceder a los estilos de viñetas ofrecidos y seleccionar uno de ellos haciendo clic sobre él.

3. Haga clic en la flecha desplegable del botón **Lista multinivel** (⊞) del grupo Párrafo en la ficha Inicio para acceder a los estilos que inician una lista de múltiples niveles y seleccionar uno de ellos haciendo clic sobre él.

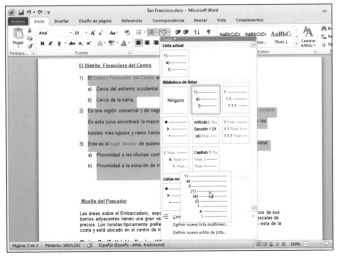

Para personalizar estas opciones, haga clic en la opción Definir [nuevo elemento] de los menús desplegables de los botones correspondientes.

Truco: Tras aplicar cualquier formato de numeración, viñetas o multinivel a un párrafo, éste seguirá aplicándose al pulsar la tecla **Intro**. Para anular el formato, pulse **Intro** dos veces si está en un nivel principal, o tres veces si se encuentra en un nivel secundario.

Efectos de texto

En esta nueva versión de Office se ha incluido un comando muy útil para aplicar efectos visuales a un texto seleccionado, como sombras, iluminados o reflejos: **Efectos de texto**. Para utilizar este comando:

1. Seleccione el texto al que desea aplicar el efecto.
2. Haga clic en la flecha desplegable del botón **Efectos de texto** que se encuentra dentro del grupo Fuente de la ficha Inicio.
3. Seleccione uno de los tipos de relleno que aparecen en el menú desplegable haciendo clic sobre él.

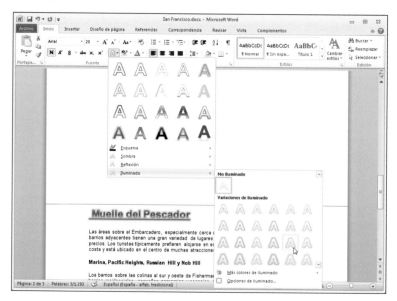

En este menú desplegable encontrará las siguientes opciones:

- **Esquema:** Permite establecer colores del tema así como el contorno, su color y su grosor.
- **Sombra:** Ofrece distintos estilos de sombra, como Exterior, Interior o Perspectiva.
- **Reflexión:** Proporciona diversas variaciones de reflejo.
- **Iluminado:** Desde esta lista desplegable podrá seleccionar entre diversas variaciones de iluminado.

Además, dentro de cada submenú, podrá encontrar un acceso al cuadro de diálogo Formato de efectos de texto. Para ello, sólo tiene que seleccionar uno de los submenús ofrecidos por el botón **Efectos de texto** y seleccionar Opciones de [Nombre del efecto].

Desde este cuadro de diálogo podrá establecer los valores predeterminados para los rellenos de texto, el contorno del mismo, el estilo de esquema, las sombras, los reflejos, los iluminados y bordes suaves y el formato 3D que se pueden aplicar con un efecto de texto.

Trabajar con estilos

Word incluye diversos tipos de estilo que se encuentran disponibles en una galería de estilos rápidos en el grupo Estilos de la ficha Inicio sobre los que puede hacer clic para aplicarlos al texto seleccionado. Para definir un nuevo estilo de cualquier tipo:

1. Haga clic en el iniciador del panel de Estilos en la ficha Inicio.

2. Hacer clic en el botón **Nuevo estilo** (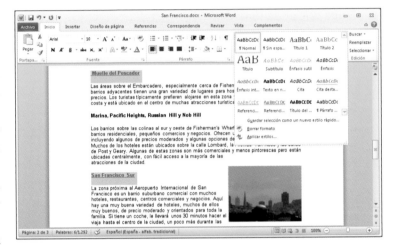) del panel de tareas Estilos. Se abrirá el cuadro de diálogo Crear nuevo a partir del formato.

3. Asigne un nombre al nuevo estilo y seleccione su tipo.

4. Haga clic en el botón **Formato** para configurar distintos formatos según el tipo de estilo elegido.

 Nota: Si selecciona la opción Documentos nuevos basados en esta plantilla, el estilo creado estará disponible en todos los documentos que utilicen dicha plantilla. En caso contrario sólo existirá en el documento actual.

Para modificar o eliminar estilos:

1. Abra el panel de tareas Estilos y haga clic en el botón **Administrar estilos** (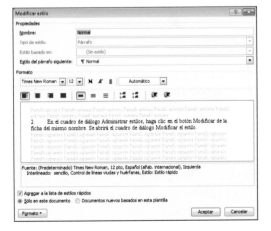).

2. En el cuadro de diálogo Administrar estilos, haga clic en el botón **Modificar** de la ficha del mismo nombre. Se abrirá el cuadro de diálogo Modificar estilo.

3. Escriba el nombre del estilo que desee modificar dentro del cuadro correspondiente y efectúe los cambios correspondientes.

Para quitar un estilo de la galería de estilos rápidos:

- Haga clic con el botón derecho del ratón sobre el estilo deseado en la ventana del panel de tareas Estilos y seleccione Quitar de la galería de estilos rápidos.

Distribuir en columnas

Puede distribuir en columnas el texto seleccionado siguiendo estos pasos:

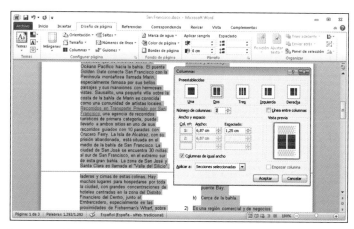

1. Haga clic en la lista desplegable del botón ▦ Columnas ▾ del grupo Configurar página en la ficha Diseño de página y seleccione el número de columnas, dependiendo de la anchura de la página.

2. Para crear o configurar las columnas de forma más precisa, elija la opción Más columnas y especifique el número, el ancho de cada una, la separación entre ellas y la inclusión de líneas. Haga clic en **Aceptar** cuando haya terminado para cerrar el cuadro de diálogo Columnas.

Aplicar bordes y sombreado

Un formato adicional en el documento consiste en la aplicación de bordes y sombreado. Para ello:

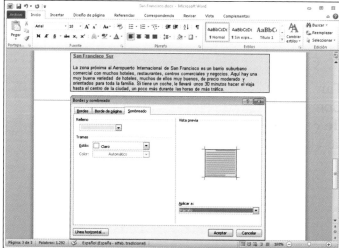

1. Seleccione el texto o los párrafos a los que se desea aplicar los bordes o el sombreado.

2. Haga clic en el botón desplegable de **Bordes** (▦) del grupo Párrafo de la ficha Inicio y seleccione uno de los bordes de la lista, o bien, seleccione la opción Bordes y sombreado para abrir el cuadro de diálogo Bordes y sombreado. Configure las opciones deseadas en las fichas Bordes y Sombreado. En el cuadro Aplicar a, indique si desea asignar los cambios al texto o a los párrafos seleccionados.

3. Para aplicar un borde a la página, configure las opciones de la ficha Borde de página.

Configurar la página

Antes de comenzar a trabajar con un documento debe asegurarse de que el tamaño del papel y los márgenes de la página sean los adecuados. Además, un documento no tiene por qué estar compuesto únicamente por páginas de igual diseño. Para modificar en cualquier momento las propiedades de una página seleccione la ficha

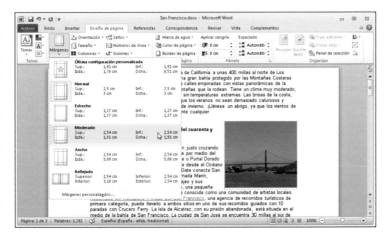

Diseño de página. En el grupo Configurar página, se presentan diversas opciones de configuración rápida para la página.

- **Márgenes:** Abre una lista desplegable desde donde puede seleccionar una opción de margen.
- **Orientación:** Elige entre una orientación vertical u horizontal.
- **Tamaño:** Selecciona el tamaño de la página.
- **Columnas:** Establece columnas para el texto.
- **Insertar saltos de página y sección:** Inserta saltos de página y secciones en la página.
- **Números de líneas:** Agrega números a cada una de las líneas de la página.
- **Guiones:** Activa guiones que dividan líneas entre sílabas de palabras.

También puede utilizar el cuadro de diálogo Configurar página haciendo clic en el **Iniciador de cuadro de diálogo** del grupo y utilizando las siguientes fichas:

- **Márgenes:** Permite definir los márgenes de la página y su orientación.
- **Papel:** Permite elegir el tamaño del papel y la forma en que la impresora podrá disponer de él.
- **Diseño:** Permite configurar algunas opciones propias de una sección, como su lugar de comienzo en la página o la posición de los encabezados y pies de página.

Vistas

Word ofrece varias formas de ver el documento. Las vistas, recogidas en la ficha Vista y en los botones situados en la parte inferior derecha de la ventana, junto a los botones de **Zoom**, son las siguientes:

Botón	Descripción
	Diseño de impresión: Podrá trabajar tanto con texto como con otros objetos, tal y como aparecerán en la página impresa.
	Lectura de pantalla completa: Podrá trabajar en pantalla completa con el documento y modificar las vistas aparte de utilizar algunas herramientas más.
	Diseño Web: Utilice esta vista cuando esté diseñando una página Web con Word.
	Esquema: Esta vista, facilita el trabajo con documentos extensos y utiliza distintos niveles que pueden contraerse o expandirse.
	Borrador: Esta vista, diseñada para una revisión rápida del documento, muestra el documento sin encabezados ni pies de página para que la lectura de los documentos en pantalla resulte mucho más cómoda.

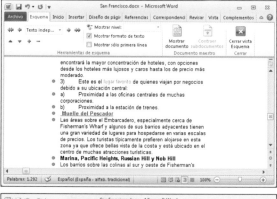

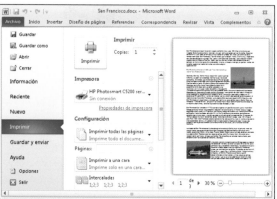

Además, Word permite ocultar el espacio en blanco existente entre dos páginas en la vista Diseño de impresión. Para ello:

1. Sitúe el puntero del ratón en el espacio entre las páginas.
2. Haga doble clic.

Por otro lado, la opción **Lectura de pantalla completa** (📖) ayuda a visualizar el documento maximizando el área de trabajo y ofreciendo diversas opciones en el menú desplegable del botón Opciones de vista.

Nota: Para obtener una vista preliminar del documento, seleccione Imprimir de la ficha Archivo.

Zoom

Desde cualquier vista puede modificarse el zoom del documento haciendo clic en alguna de las opciones del grupo Zoom de la ficha Vista haciendo clic en uno de los botones presentados, o bien haga clic en los botones **Alejar** (⊟), **Acercar** (⊞) o arrastre la barra deslizante de la barra de **Zoom** que se encuentra en la esquina inferior derecha de la ventana del documento.

Para abrir el cuadro de diálogo Zoom haga clic en el botón **Zoom** en la ficha Vista dentro del grupo Zoom o haga clic en el porcentaje que se encuentra a la izquierda de la barra de Zoom en la parte inferior derecha de la ventana del documento.

 Nota: Desde este cuadro de diálogo puede escribir un porcentaje determinado en el cuadro Porcentaje.

Dividir el área de trabajo

El área de trabajo se puede dividir en dos secciones. Las dos ventanas dispondrán de barras de desplazamiento independientes y se podrá mostrar en ellas partes diferentes del mismo documento.

1. Para dividir el área de trabajo, sitúese en el documento y haga clic en el botón ⊟ Dividir del grupo Ventana dentro de la ficha Vista.

2. Para modificar el tamaño de las ventanas, arrastre la línea de separación entre ambas. El puntero del ratón cambiará de forma para indicarle que puede realizar esta tarea.

3. Para activar una ventana haga clic sobre ella, y trabaje normalmente en ella.

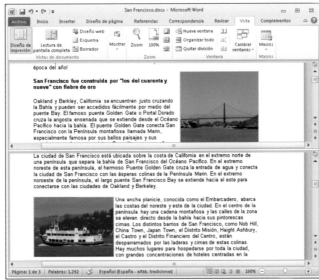

4. Para anular la división, haga doble clic sobre la línea que divide las ventanas.

Saltos de página y de sección

Cuando redacte un documento, puede que le interese seguir escribiendo en la siguiente página o en la siguiente columna antes de terminar las actuales. Si desea realizar un cambio más importante a partir de determinada página, como modificar el tamaño de la misma o el estilo de los encabezados o pies de página, puede insertar un salto de sección.

1. Haga clic en la lista desplegable del botón **Insertar saltos de página y sección** (⊞▾) del grupo Configurar página en la ficha Diseño de página.

2. Seleccione la opción que mejor se adapte a las necesidades y haga clic en **Aceptar**.

Encabezados y pies de página

Para trabajar con encabezados y pies de página:

1. Haga clic en el botón ⊞ Encabezado ▾ en el grupo Encabezado y pie de página de la ficha Insertar.

2. Seleccione uno de los formatos de encabezado propuestos, haciendo clic sobre él. Se abrirá la ficha contextual Herramientas para encabezado y pie de página, que le permite insertar elementos, cambiar entre encabezado y pie de página y desplazarse hacia los encabezados y pies de secciones anteriores o posteriores.

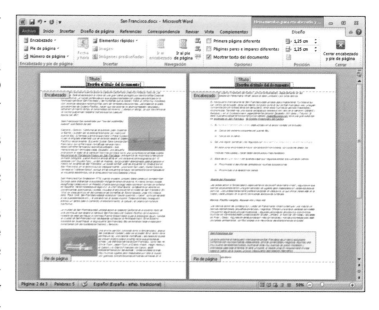

Para insertar un pie de página haga clic en el botón ⊞ Pie de página ▾ en el grupo Encabezado y pie de página de la ficha Insertar y siga los pasos anteriores.

Insertar notas al pie y al final

Mientras escribe un documento, quizá desee añadir algún comentario o explicación al pie de la página o al final del documento a través de una referencia. Para ello, siga estos pasos:

1. Sitúe el punto de inserción donde desee incluir la referencia de nota al pie o al final.

2. Haga clic en el botón **Insertar nota al pie** o en el botón **Insertar nota al final** en el grupo Notas al pie de la ficha Referencias para insertar una nota al pie de la página o al final del documento respectivamente.

3. Word insertará una referencia en el texto y se trasladará hasta el pie de página o al final del documento, donde podrá introducir el comentario.

Insertar números de página

Para insertar números de página en todo un documento o sección:

1. Haga clic en la flecha desplegable del botón [Número de página ▾] en el grupo Encabezado y pie de página de la ficha Insertar y seleccione una de las opciones y formatos propuestos.

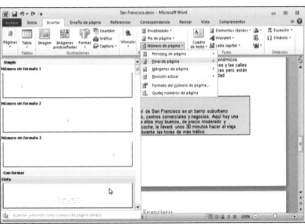

2. Defina la posición y alineación de los números seleccionando la opción Formato del número de página para abrir el cuadro de diálogo del mismo nombre.

3. Configure el formato de la numeración y haga clic en **Aceptar**. Word insertará los números de forma automática.

Crear tablas

En Word puede crear tablas de distintas formas:

- Haga clic en el botón **Insertar** del grupo Tabla en la ficha Insertar y mantenga pulsado el botón del ratón mientras arrastra para definir el número de filas y de columnas.
- Seleccione la opción Insertar tabla del mismo botón para configurar las opciones del cuadro de diálogo Insertar tabla y haga clic en **Aceptar**.
- Seleccione Dibujar tabla del mismo botón y haga clic en el área de trabajo para designar la primera esquina de la tabla. Por último, arrastre el ratón hasta llevarlo a la esquina opuesta de la tabla.
- Utilice una de las opciones de Tablas rápidas del mismo botón.

Utilice posteriormente las herramientas ofrecidas por la ficha contextual Herramientas de tabla para añadir y eliminar líneas y realizar otro tipo de acciones de modificación de la tabla. Para cambiar la apariencia de una tabla rápidamente:

1. Seleccione la tabla cuya apariencia desea cambiar haciendo clic en el cuadrado que aparece en la esquina superior izquierda (⊞) al situar el puntero del ratón sobre la tabla.

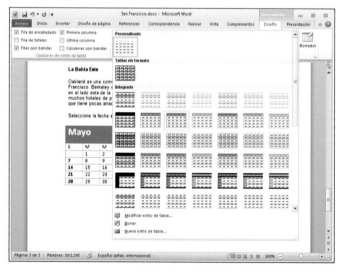

2. Haga clic en la flecha desplegable del grupo Estilos de tabla de la ficha Diseño dentro de Herramientas de tabla y seleccione un nuevo estilo haciendo clic sobre él.

3. Para añadir o borrar filas o columnas, haga clic en los botones **Dibujar tabla** o **Borrador** respectivamente y dibuje o borre una columna o fila en la propia tabla.

Traducir un texto a otro idioma

Para traducir un texto seleccionado en Word:

1. Haga clic en la lista desplegable del botón **Traducir** del grupo Revisión en la ficha Revisar y seleccione Traducir texto seleccionado.
2. En el panel de tareas Referencia que se abre en la parte derecha de la ventana, aparecerá el texto traducido.
3. Para cambiar los idiomas utilizados en la traducción, seleccionar los idiomas de origen y de destino en la sección Traducción del panel de tareas Referencia.
4. Para reemplazar el texto seleccionado con el texto traducido, haga clic en **Insertar**.

 Nota: Para traducir una palabra, escríbala en el cuadro Buscar del panel de tareas Referencia y haga clic en el icono de flecha (⊡).

Traducir un documento a otro idioma

Para traducir un documento completo a otro idioma:

1. Haga clic en la lista desplegable del botón **Traducir** del grupo Revisión en la ficha Revisar y seleccione Traducir documento.
2. Se abrirá un mensaje indicando que se va a proceder a traducir el documento en Internet con un formato HTML. Haga clic en **Enviar**.
3. Se abrirá el documento de origen y la traducción en el explorador Web de su equipo.

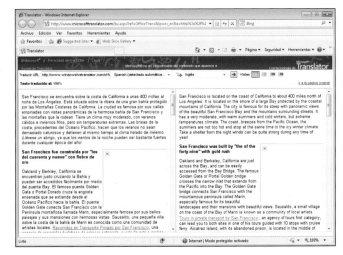

Minitraductor

El Minitraductor le permite traducir una palaba o frase en pantalla simplemente apuntando a ella o seleccionándola. Para activar el Minitraductor:

- Haga clic en la lista desplegable del botón **Traducir** del grupo Revisión en la ficha Revisar y seleccione Minitraductor.

Para ver el Minitraductor en pantalla:

1. Seleccione una palabra o frase. Aparecerá el cuadro del Minitraductor de forma semitransparente en el fondo de la pantalla.

2. Apunte con el puntero del ratón sobre el cuadro hasta que lo pueda ver correctamente.

Para cambiar el idioma:

1. Haga clic en la lista desplegable del botón **Traducir** del grupo Revisión en la ficha Revisar y seleccione Elegir idioma de traducción para abrir el cuadro de diálogo Opciones de idioma de traducción.

2. En la sección Elija el idioma del Minitraductor, seleccione un idioma de la lista desplegable del cuadro Traducir a.

3. Haga clic en **Aceptar**.

Para activar o desactivar el Minitraductor, haga clic en el botón **Minitraductor** alternativamente. Si aparece un cuadro de selección, la opción estará activada. Si no aparece ningún cuadro de selección, la opción estará deshabilitada.

Nota: El cuadro de diálogo Opciones de idioma de traducción se abrirá la primera vez que active el Minitraductor o la opción de traducción de un documento completo. Seleccione los idiomas deseados y haga clic en **Aceptar** para cerrarlo.

Insertar una imagen

En otro capítulo del libro trataremos con más detalle la forma de incrustar y vincular objetos. Sin embargo, no es raro encontrar en Word otros objetos, como por ejemplo una imagen, además de texto. Para insertar una imagen desde un archivo:

1. Sitúe el punto de inserción en la posición en la que se desee insertar la imagen. De esta forma se integra la imagen en el texto.
2. Los botones del grupo Ilustraciones de la ficha Insertar, permiten insertar en el documento distintos tipos de imágenes. En este caso, haremos clic en el botón **Imagen** para abrir el cuadro de diálogo Insertar imagen.
3. Busque y seleccione el archivo de imagen deseado. El botón **Cambie la vista** (⬛▾) le permite seleccionar iconos grandes para ver la imagen seleccionada antes de insertarla.
4. Haga clic en **Insertar** para incrustar la imagen en el documento.

 Truco: Si piensa que el archivo de imagen va a sufrir modificaciones que desea ver reflejadas en el documento, haga clic en la flecha desplegable del botón **Insertar** y seleccione Vincular al archivo.

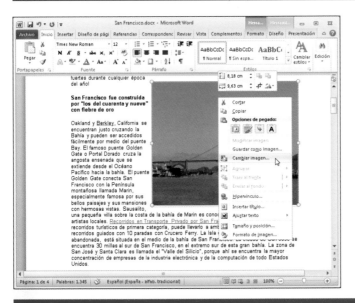

Para cambiar una imagen por otra:

1. Seleccione la imagen y haga clic con el botón derecho del ratón.
2. Seleccione Cambiar imagen para abrir el cuadro de diálogo Insertar imagen.
3. Siga los pasos indicados en el procedimiento anterior para insertar una nueva imagen.

 Truco: Para cambiar el tamaño de una imagen rápidamente, arrastre sus controladores de tamaño.

Cambiar el diseño de una imagen

Puede cambiar fácilmente el diseño de una imagen seleccionada desde la ficha Formato de Herramientas de imagen:

1. Haga clic en la flecha desplegable de [Diseño de imagen ▼] dentro del grupo Estilos de imagen y seleccione uno de los diseños proporcionados haciendo clic sobre él.
2. Modifique la imagen a su gusto en el área de trabajo o utilizando las opciones proporcionadas por la ficha contextual Herramientas de SmartArt.

Para aplicar un efecto a la imagen:

1. Haga clic en la flecha desplegable de [Efectos de la imagen ▼] dentro del grupo Estilos de imagen.
2. Seleccione uno de los efectos del menú haciendo clic sobre él.

Para aplicar un contorno a la imagen, siga los pasos anteriores, pero haga clic en [Contorno de imagen ▼] para poder seleccionar una de sus opciones.

Capturar una imagen

En esta nueva edición de Office, podemos realizar capturas de imagen de las aplicaciones abiertas en el equipo. Para ello:

1. Seleccione la ficha Insertar y haga clic en la lista desplegable del comando [Captura ▼].
2. Seleccione una de las capturas de pantalla que aparecen en la lista. Aquí se encuentran las aplicaciones abiertas en el momento.
3. Modifique la captura con las opciones proporcionadas por la ficha contextual Herramientas de imagen, tal como hemos indicado anteriormente.

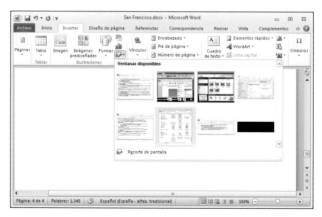

Detección de fondo

La nueva opción de detección de fondo le permite aplicar a sus imágenes unos efectos espectaculares:

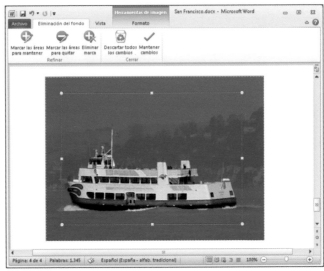

1. Seleccione una imagen cuyo fondo desee eliminar.
2. Haga clic en el comando **Quitar fondo** de la ficha Formato en Herramientas de imagen.
3. Se abren nuevos comandos para eliminar el fondo de la imagen:
   - **Marcar las áreas para mantener:** Dibuja líneas para marcar las áreas que desea conservar en la imagen.
   - **Marcar las áreas para quitar:** Dibuja líneas para marcar las áreas que se deben eliminar de la imagen.
   - **Eliminar marca:** Elimina las líneas dibujadas para cambiar las áreas que hay que conservar o eliminar.
   - **Descartar todos los cambios:** Cierra la eliminación de fondo y descarta todos los cambios.
   - **Mantener cambios:** Cierra la eliminación de fondo y conserva todos los cambios realizados.

4. Seleccione una de las opciones ofrecidas en el grupo Refinar y haga clic en Mantener los cambios si desea aplicar los cambios realizados o en **Descartar todos los cambios** si desea eliminar todos los cambios realizados y volver a la imagen.

Nota: También puede simplemente arrastrar el cuadro delimitador en la imagen y hacer clic en **Mantener los cambios** si desea aplicar los cambios realizados.

Capítulo 3
Microsoft
Excel 2010

Elementos de la ventana

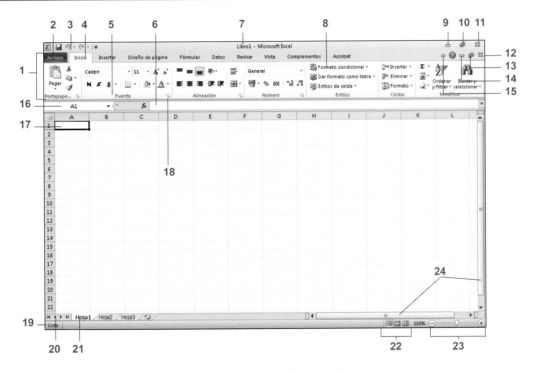

1. Cinta de opciones
2. Ficha Archivo
3. Barra de herramientas de opciones rápidas
4. Ficha
5. Grupo
6. Barra de fórmulas
7. Título del libro
8. Comando
9. Botón Minimizar
10. Botón Maximizar/Minimizar tamaño
11. Botón Cerrar
12. Cerrar ventana
13. Restaurar/Maximizar ventana
14. Minimizar ventana
15. Botón Minimizar/Expandir la cinta de opciones
16. Cuadro de nombres
17. Celda activa
18. Iniciador de cuadro de diálogo
19. Barra de estado
20. Botones de desplazamiento por las etiquetas
21. Etiquetas de hojas
22. Botones de vistas
23. Botones de Zoom
24. Barras de desplazamiento

Algunos de los elementos diferentes que muestra Excel son:

- **Barra de fórmulas:** En esta barra se mostrarán los tipos de datos introducidos en las distintas celdas o rangos de celdas. Al hacer clic en esta barra podrá utilizar los comandos **Cancelar**, **Introducir** o **Insertar función**.

- **Hojas:** Son las distintas hojas de cálculo que forman el libro y que podrá identificar mediante las etiquetas de hojas.

- **Seleccionar toda la hoja:** En la esquina superior izquierda del libro, aparece un pequeño cuadro encima de los números de fila y a la izquierda de las letras de columna. Haga clic en él para seleccionar toda la hoja.

Crear un libro

Para comenzar a trabajar en un libro nuevo en blanco:

1. Seleccione la opción Nuevo de la ficha Archivo.
2. Haga clic en **Libro en blanco** de la sección Plantillas disponibles.
3. Haga clic en **Crear**.

Para trabajar en un libro a partir de una plantilla:

1. Seleccione la opción Nuevo de la ficha Archivo.
2. Seleccione una de las plantillas dentro de la sección Plantillas de Office.com.
3. Haga clic en **Descargar**.

Abrir un libro guardado

Para abrir un libro:

1. Seleccione la opción Reciente de la ficha Archivo.

2. Haga doble clic sobre uno de los archivos mostrados dentro de la sección Libros recientes.

Para abrir un libro que no aparece en la lista de Libros recientes:

1. Haga clic en **Abrir** en la ficha Archivo.

2. Localice el archivo en el cuadro de diálogo Abrir y tras seleccionarlo, haga clic en **Abrir**.

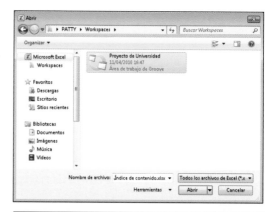

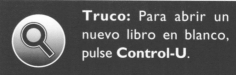
Truco: Para abrir un nuevo libro en blanco, pulse **Control-U**.

Trabajar con hojas de cálculo

Para desplazarse por las etiquetas de las hojas, haga clic sobre ellas o utilice los botones de desplazamiento situados a su izquierda, tal como se indica a continuación:

- ⏮: Desplazarse a la primera etiqueta de hoja.

- ◀: Desplazarse a la etiqueta de hoja anterior.

- ▶: Desplazarse a la siguiente etiqueta de hoja.

- ⏭: Desplazarse a la última etiqueta de hoja.

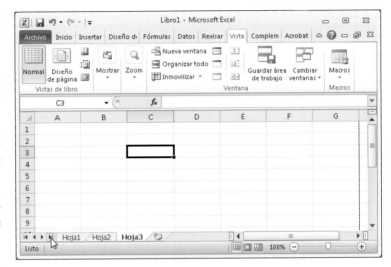

Para seleccionar varias hojas:

- Haga clic sobre las etiquetas manteniendo pulsada la tecla **Control** para seleccionar etiquetas de hojas no contiguas.

- Haga clic sobre las etiquetas manteniendo pulsada la tecla **Mayús** para seleccionar etiquetas de hojas contiguas.

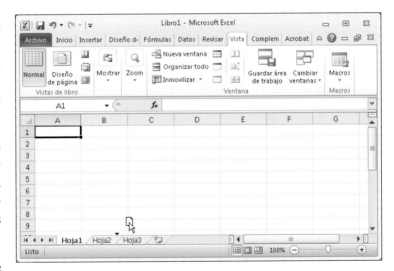

Para cambiar el orden de las hojas:

1. Haga clic sobre la etiqueta de la hoja cuya ubicación desee cambiar.

2. Mantenga pulsado el botón del ratón mientras arrastra la etiqueta al lugar deseado y suelte el botón del ratón. La etiqueta se mostrará en su nueva ubicación.

Copiar hojas de cálculo

Para hacer una copia de una hoja:

1. Haga clic con el botón derecho del ratón sobre una etiqueta de hoja.

2. Seleccione Mover o copiar y, posteriormente, la hoja que desee copiar.

3. Marque la casilla Crear una copia y haga clic en **Aceptar**.

> **Truco:** Puede realizar una copia rápidamente mientras arrastra la ficha de la hoja manteniendo pulsada la tecla **Control**.

Agregar y eliminar hojas de cálculo

Los libros nuevos incluyen, de forma predeterminada, tres hojas de cálculo y una etiqueta con el símbolo sobre la que se puede hacer clic para agregar una nueva hoja de cálculo.

Asimismo, para agregar una nueva hoja en una posición determinada y con un determinado diseño:

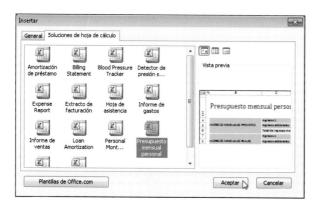

- Seleccione la etiqueta de la hoja posterior a la nueva hoja que se desea insertar.

- Para insertar una hoja basada en una plantilla de hoja, haga clic con el botón derecho sobre una ficha y seleccione Insertar. Haga clic en la plantilla deseada en el cuadro de diálogo Insertar y por último en el botón **Aceptar**.

Para eliminar una hoja:

- Haga clic con el botón derecho del ratón sobre la etiqueta de la hoja que desea quitar y seleccione Eliminar.

Visualización de la hoja de cálculo

Utilice los comandos del grupo Vistas de libro y Zoom de la ficha Vista y en los botones de vistas de la barra de tareas para cambiar la visualización del documento:

  Vista Normal: Muestra el documento en vista normal.

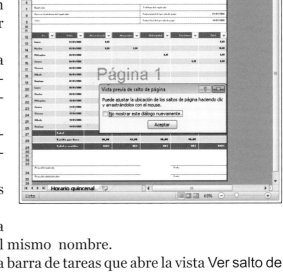

Diseño de página: Muestra el documento tal como se va a imprimir.

Ver salto de página: Muestra una vista preliminar de las páginas con los saltos donde se van a interrumpir las mismas durante la impresión.

Vistas personalizadas: Guarda valores de configuración de presentación e impresión como vista personalizada para su posterior uso.

Pantalla completa: Muestra el documento en modo de pantalla completa.

Normal: Botón en la barra de tareas que abre la Vista Normal.

Diseño de página: Botón en la barra de tareas que abre la vista del mismo nombre.

Vista previa de salto: Botón de la barra de tareas que abre la vista Ver salto de de página página.

Zoom: Abre el cuadro de diálogo Zoom.

100%: Aplica un zoom del 100 por cien al documento.

Ampliar selección: Realiza un zoom ocupando el rango de celdas seleccionado toda la ventana.

Alejar: Reduce la vista del documento.

Acercar: Amplía la vista del documento.

Porcentaje: Abre el cuadro de diálogo del mismo nombre para especificar un nivel de zoom.

Producto	1º Trim.	2º Trim	3º Trim
Producto 1	1.500	22.085	19.324
Producto 2	22.068	16.382	17.318
Producto 3	16.860	17.683	14.049
Producto 4	19.827	6.979	21.185
Producto 5	17.778	14.691	10.313
Total trimestre	75.033	42.454	82.189

Dividir la hoja de cálculo

Si está trabajando en un documento extenso, la posibilidad de dividir dicha hoja en dos paneles le resultará muy útil. Para ello:

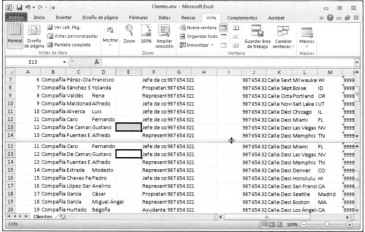

1. Abra el documento en el que desea trabajar y seleccione el lugar donde desea insertar la división.

2. Haga clic en el comando **Dividir** (🖻) del grupo Ventana en la ficha Vista.

3. Para desplazar la línea de división, arrástrela hacia la ubicación deseada.

Nota: Para cerrar la línea de división, haga doble clic sobre ella o arrástrela hasta la cinta de opciones.

Ver en paralelo

Para ver en paralelo dos hojas de cálculo:

1. Abra las dos hojas a comparar y haga clic en el botón **Ver en paralelo** (📖) del grupo Ventana en la ficha Vista.

2. Para que los dos documentos se desplacen juntos, haga clic en el botón **Desplazamiento sincrónico** (📇) del mismo grupo.

3. Para volver a la vista normal de un documento, vuelva a hacer clic en el botón **Ver en paralelo**.

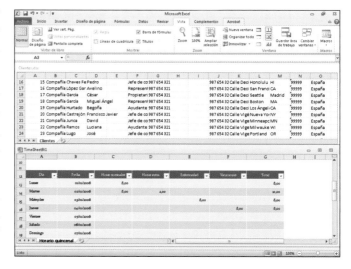

Inmovilizar paneles

Para inmovilizar filas y columnas mientras se desplaza por la hoja de cálculo, haga clic en la flecha desplegable de dentro de la sección Ventana de la ficha Vista y seleccione una de las siguientes opciones:

- **Inmovilizar paneles:** Inmoviliza las filas superiores y las columnas que se encuentren a la izquierda de la celda activa.

- **Inmovilizar fila superior:** Inmoviliza la fila superior de la hoja, permitiéndole ver los títulos con facilidad mientras se desplaza por el documento hacia abajo.

- **Inmovilizar primera columna:** Inmoviliza la primera columna de la hoja, permitiéndole verla mientras se desplaza por el documento hacia la derecha.

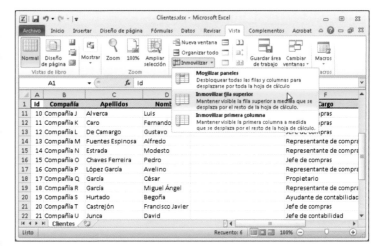

Nota: Para desbloquear la inmovilización de paneles, seleccione Movilizar paneles dentro de **Inmovilizar**.

Cambiar ventanas

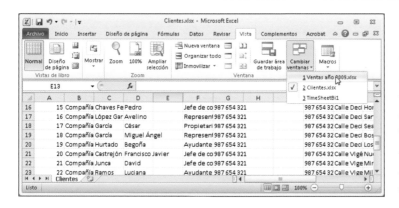

Cuando tiene abiertos varios libros de trabajo, es muy útil poder desplazarse entre ellos, haga clic en la lista desplegable del comando **Cambiar ventanas** del grupo Ventana dentro de la ficha Vista y seleccione el libro con el que desea trabajar.

Para ver en mosaico todas las ventanas de los programas abiertos, haga clic en **Organizar todo** de la ficha Vista dentro del grupo Ventana.

Seleccionar celdas

La celda activa de una hoja aparece rodeada por un marco negro. Para activar una celda dispone de 3 formas:

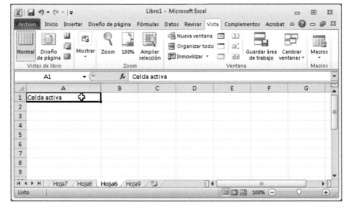

- Haga clic sobre la celda que desee activar. Utilice las barras de desplazamiento si fuera necesario para mostrar la celda deseada en el área de trabajo.

- Utilice los métodos de desplazamiento con el teclado. Por ejemplo, las **Teclas del cursor** o las teclas **Tab** e **Inicio**.

- Escriba la referencia de la celda en el Cuadro de nombres.

La siguiente tabla muestra algunos métodos de selección para varias celdas:

Selección	Método
Celdas contiguas	Pulse el botón del ratón sobre la celda situada en una de las esquinas de la selección y arrastre hasta la celda de la esquina opuesta.
Celdas no contiguas	Mantenga pulsada la tecla **Control** mientras hace clic sobre las distintas celdas.
Filas o columnas	Haga clic en los correspondientes identificadores de filas o de columnas.

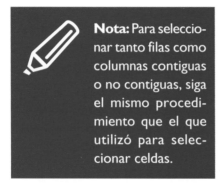

Nota: Para seleccionar tanto filas como columnas contiguas o no contiguas, siga el mismo procedimiento que el que utilizó para seleccionar celdas.

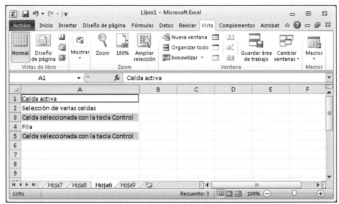

Rangos con nombre

Para dar nombre a un rango de celdas:

1. Seleccione el conjunto de celdas que componen el rango.

2. Haga clic en el Cuadro de nombres, situado a la izquierda de la barra de fórmulas, y escriba un nombre para el rango.

3. Pulse **Intro**.

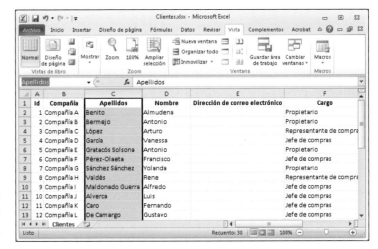

Para seleccionar un rango con nombre, haga clic en la flecha desplegable del Cuadro de nombres y seleccione el nombre de la lista o escriba directamente el nombre en dicho cuadro.

Nota: También puede utilizar los comandos **Asignar nombre** y **Administrador de nombres** del grupo Nombres definidos en la ficha Fórmulas para realizar operaciones con nombres.

Referencias

Las referencias permiten identificar las celdas y los rangos.

- Para hacer referencia a una celda determinada, indique la letra de su columna seguida del número de su fila.

- Para hacer referencia a un rango de celdas contiguas, indique la referencia de una de las celdas de su esquina seguida de dos puntos (:) y la referencia de la celda de la esquina opuesta.

- Las referencias a rangos de otras hojas van precedidos del nombre de la hoja y el signo de cierre de exclamación (!).

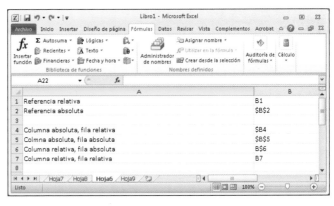

Introducir datos

Para introducir datos en una celda:

1. Seleccione la celda.

2. Escriba directamente los datos. Para editarlos mientras los escribe, haga clic sobre la barra de fórmulas o pulse **F2**.

3. Pulse **Intro** o active otra celda cualquiera.

Los datos se muestran en el interior de la celda y en la barra de fórmulas y éstos son los tipos que se pueden introducir en una hoja de Excel:

- **Texto:** Se puede utilizar el texto para describir y organizar los datos. Por ejemplo, se pueden crear rótulos de filas y de columnas.

- **Números:** Se puede introducir valores constantes en forma de números positivos, negativos, decimales y en notación científica.

- **Fórmulas:** Las fórmulas permiten realizar operaciones con valores constantes o con el contenido de otras celdas. Van precedidas del signo =. Las funciones son un tipo de fórmulas que realizan operaciones predeterminadas con una serie de argumentos.

- **Fechas y horas:** Las fechas y horas deben adoptar alguno de los formatos reconocidos por Excel a fin de evitar que las considere texto.

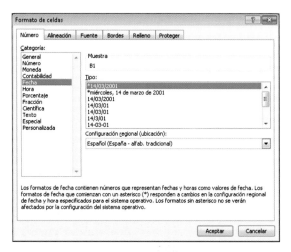

Para aplicar un formato específico a los datos de un rango de celdas:

1. Haga clic con el botón derecho sobre el rango seleccionado.

2. Seleccione la opción Formato de celdas del menú contextual.

3. En la ficha Número, seleccione una categoría y haga clic en **Aceptar**.

Rellenar celdas

En ocasiones, es necesario que el contenido de varias celdas consecutivas sea el mismo. En tal caso basta con escribir el dato en una de las celdas y rellenar las demás.

Para rellenar varias celdas consecutivas con los mismos datos:

- Escriba el dato que desee repetir en una celda y arrastre con el botón del ratón el controlador de relleno hasta la celda en la que va a incluir los datos.

Para rellenar con una serie:

1. Seleccione la celda donde se desea comenzar la serie y arrastre con el botón del ratón el controlador de relleno hasta la celda en la que va a incluir los datos.

2. Suelte el botón de ratón y seleccione la opción de relleno ofrecidas por el botón **Opciones de autorrelleno** (⊞).

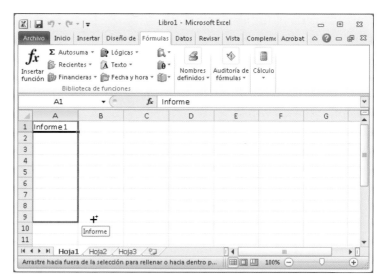

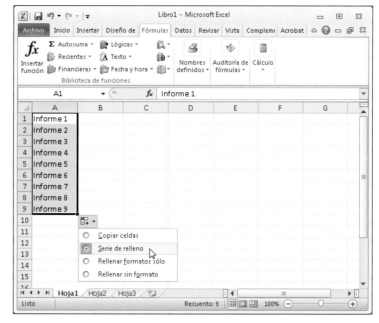

Nota: Para cambiar el comportamiento de las opciones de autorrelleno, haga clic en **Opciones** dentro de la ficha Archivo y seleccione Avanzadas.

Importar datos

Excel permite importar datos de conexiones externas:

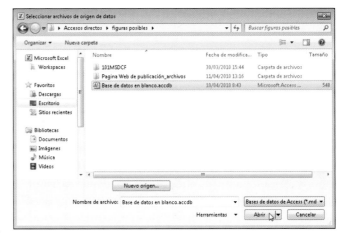

1. Haga clic en uno de los botones de conexión de datos recogidos en el grupo Obtener datos externos dentro de la ficha Datos.

2. En el cuadro de diálogo Seleccionar archivos de origen de datos, localice el archivo desde donde desea importar los datos y haga clic en **Abrir**.

3. En el cuadro de diálogo Importar datos, decida cómo desea ver los datos y su posición.

4. Haga clic en **Propiedades** para configurar algunas opciones acerca de los datos externos.

5. Haga clic en **Aceptar** para insertar los datos externos en la hoja de cálculo.

Si no encuentra la opción deseada:

1. Haga clic en la flecha desplegable del botón **De otras fuentes** y seleccione Desde el Asistente para la conexión de datos o cualquier otra opción apropiada de la lista.

2. Siga las instrucciones del Asistente para la conexión de datos, rellene los datos solicitados y haga clic en **Siguiente** en cada una de sus pantallas.

3. En el cuadro Importar datos, siga los pasos explicados anteriormente.

Copiar, mover, borrar y eliminar datos

Para utilizar los comandos Copiar, Cortar y Pegar:

1. Seleccione la celda o el rango cuyos datos desee copiar o cortar.
2. Pulse **Control-C** o **Control-X** para copiar o cortar respectivamente los datos seleccionados.
3. Seleccione la celda donde desee pegar el dato o a partir de la cual se pegarán los datos del rango.
4. Haga clic con el botón derecho del ratón y seleccione una de las opciones de la nueva galería de pegado.

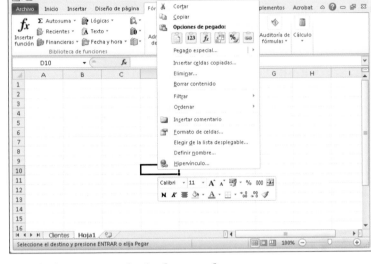

Para borrar el contenido de una celda o un rango:

1. Seleccione la celda o el rango cuyo contenido desea borrar.
2. Pulse **Supr** o haga clic con el botón derecho del ratón sobre la celda o el rango y seleccione Borrar contenido.

Para eliminar celdas:

1. Seleccione la celda o el rango que desee eliminar.
2. Haga clic con el botón derecho del ratón y seleccione la opción Eliminar del menú contextual.
3. Seleccione una de las opciones presentadas por el cuadro Eliminar celdas y haga clic en **Aceptar**.

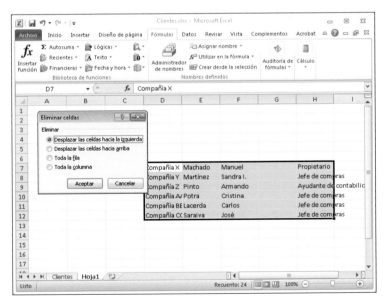

Buscar y reemplazar

Para buscar y reemplazar en una hoja de cálculo:

1. Abra la hoja donde desea realizar la búsqueda y, en su caso, seleccione el rango de celdas al que desee limitar la búsqueda.

2. En la ficha Inicio, haga clic en la ficha desplegable de **Buscar y seleccionar** y seleccione la ficha Buscar o Reemplazar.

3. Haga clic en la flecha desplegable del botón **Formato** para abrir una lista de opciones.

4. Decida el ámbito y el objeto de la búsqueda, así como otras opciones adicionales.

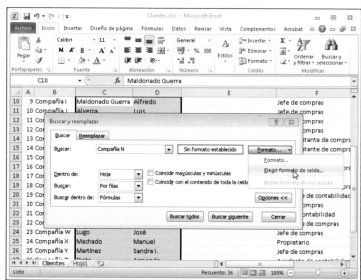

5. Escriba el texto o valor buscado y su correspondiente texto de para reemplarlo.

6. Haga clic en **Buscar siguiente** para buscar la siguiente coincidencia y en **Reemplazar** para efectuar el reemplazo.

 Nota: Haga clic en **Opciones** para expandir el cuadro de diálogo Buscar y reemplazar.

En este cuadro de diálogo puede seleccionar las siguientes casillas de verificación:

- **Coincidir mayúsculas y minúsculas:** Al seleccionar esta casilla, se buscará texto totalmente coincidente con el escrito en el cuadro Buscar.

- **Coincidir con el contenido de toda la celda:** Sólo se buscarán coincidencias con el contenido total de la celda, no sólo con partes de su contenido.

Crear o eliminar tablas

Para crear una tabla de Excel:

1. Seleccione el rango de datos o celdas que desee convertir en una tabla.

2. En la ficha Insertar, dentro del grupo Tablas, haga clic en el botón **Tabla**.

3. Si el rango seleccionado incluye datos que desea mostrar como encabezados de tabla, active la casilla de verificación La tabla tiene encabezados.

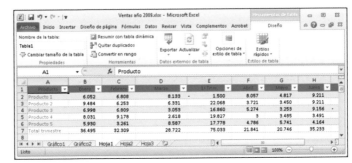

4. Haga clic en **Aceptar**. Se mostrarán las Herramientas de tabla junto con la ficha Diseño, desde donde puede personalizar o modificar la tabla.

Para eliminar una tabla:

1. Seleccione la tabla y pulse **Supr**.

Nota: También puede hacer clic en el botón **Deshacer** (⟲) en la barra de herramientas de acceso rápido para eliminar una tabla que acaba de crear o puede convertirla en un rango seleccionando Convertir rango del menú Tabla al hacer clic con el botón derecho del ratón sobre la tabla seleccionada.

Para convertir una tabla de nuevo en un rango de datos:

1. Haga clic en cualquier celda dentro de la tabla.

2. En la ficha Diseño de Herramientas de tabla, haga clic en el botón **Convertir en rango** dentro del grupo Herramientas.

3. En el cuadro de confirmación, haga clic en **Sí**.

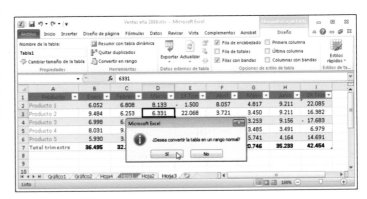

Crear un informe de tabla dinámica

Una tabla dinámica es una tabla interactiva elaborada a partir de una tabla estática y permite comparar los datos con facilidad sin modificar la estructura de la tabla original.

1. Seleccione una celda de la tabla que se utilizará como origen de datos.

2. Seleccione Tabla dinámica de la lista desplegable del botón **Tabla dinámica** en el grupo Tablas de la ficha Insertar.

3. En el cuadro de diálogo Crear tabla dinámica, seleccione el rango y la ubicación del informe y haga clic en **Aceptar**.

4. Para crear dicha tabla, seleccione los campos a agregar al informe en el panel de tareas o arrastre los campos hasta el diagrama de la tabla dinámica.

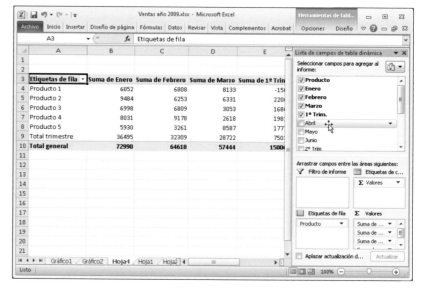

5. Tras crear la tabla, para realizar modificaciones, utilice las fichas de Opciones y Diseño de Herramientas de tabla dinámica que se abrirá cada vez que seleccione la tabla dinámica.

Nota: El botón **Gráfico dinámico** en el grupo Herramientas de la ficha Opciones de Herramientas de tabla dinámica ayuda a crear un gráfico dinámico basado en la tabla dinámica correspondiente. Haga clic en el botón y seleccione uno de los gráficos proporcionados en el cuadro de diálogo Insertar gráfico para crearlo.

Crear gráficos

Los gráficos permiten apreciar la relación entre los distintos datos con mayor facilidad. Para crear un gráfico rápidamente:

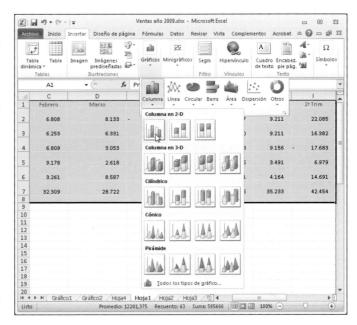

1. Seleccione el rango de datos con los que se desea crear el gráfico.
2. Haga clic en una de las opciones presentadas por el grupo Gráficos dentro de la ficha Insertar y seleccione una de las opciones de gráfico de la lista.
3. El gráfico se insertará en la misma página de los datos seleccionados.

 Nota: Para modificar las características del gráfico, utilice las opciones disponibles en Herramientas de gráficos.

Minigráficos

Un minigráfico es un pequeño gráfico que se inserta en una celda para mostrar una representación visual de los datos. Para crearlo, seleccione una celda o un grupo de celdas vacías y siga este procedimiento:

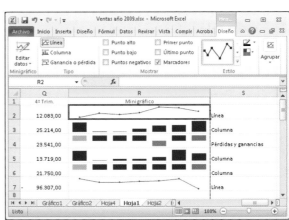

1. Haga clic en el tipo de minigráfico que desea crear dentro del grupo Minigráficos de la ficha Insertar.

2. Escriba o seleccione el rango de celdas que contienen los datos que desea representar dentro del cuadro Rango de datos.

3. Desde la ficha Datos de Herramientas de minigráfico podrá modificar las opciones del nuevo minigráfico.

Insertar una función

Para insertar funciones rápidamente:

1. Seleccione la celda donde desee escribir la función.

2. Seleccione la ficha Fórmulas y haga clic en uno de los botones del grupo Biblioteca de funciones.

Para insertar funciones con ayuda de un cuadro de diálogo:

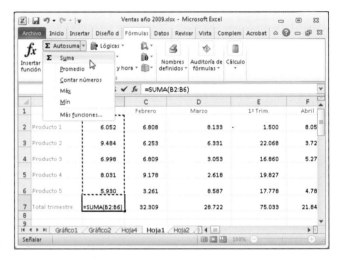

1. Seleccione la celda donde desee escribir la función.

2. Seleccione la ficha Fórmulas y haga clic en **Insertar función** en el grupo Biblioteca de funciones o en el icono **Insertar función** (𝑓ₓ) de la barra de fórmulas.

3. En el cuadro de diálogo Insertar función, localice la función que desee utilizar y haga clic en **Aceptar**.

En ambos casos se abrirá el cuadro de diálogo Argumentos de función:

1. Escriba los datos solicitados o haga clic en los botones de selección (📷) para efectuar la selección del rango de datos dentro del documento.

2. Haga clic en Ayuda sobre esta función si desea obtener más ayuda sobre la función.

3. Haga clic en **Aceptar** para aplicar la función en la celda activa.

Nota: Parra cerrar la selección efectuada con ayuda de los botones de selección, haga clic en los botones de expansión (📷).

Auditar fórmulas

Excel dispone de varias herramientas para comprobar y corregir fórmulas. Todas ellas se encuentran en la ficha Fórmulas dentro del grupo Auditoría de fórmulas. Dentro de este grupo se encuentran, entre otras, las siguientes opciones:

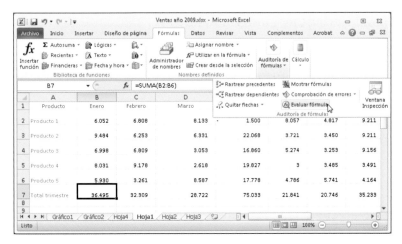

Botón	Descripción
Rastrear precedentes	**Rastrear precedentes:** Muestra flechas que señalan las celdas que afectan al valor de la celda seleccionada actualmente.
Rastrear dependientes	**Rastrear dependientes:** Muestra flechas que señalan las celdas afectadas por el valor de la celda seleccionada actualmente.
Quitar flechas	**Quitar flechas:** Quita las flechas trazadas por las dos opciones anteriores.
Mostrar fórmulas	**Mostrar fórmulas:** Permite ver las fórmulas de cada celda en lugar de su valor.
Comprobación de errores	**Comprobación de errores:** Busca errores comunes en las fórmulas.
Evaluar fórmula	**Evaluar fórmula:** Evalúa una fórmula con ayuda de un cuadro de diálogo.
Ventana Inspección	**Ventana Inspección:** Supervisa los valores de determinadas celdas mientras se efectúan cambios en la hoja.

Nota: Puede modificar las fórmulas introducidas en las distintas celdas desde la barra de fórmulas o desde la misma celda pulsando la tecla **F2**.

Formato de celda

Excel puede aplicar una serie de formatos a las celdas:

* Seleccione las celdas y aplique directamente algún formato con las opciones de la ficha Inicio.

O bien:

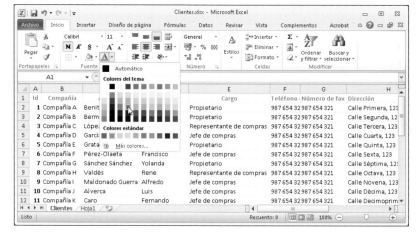

1. Seleccione la celda o el rango de celdas a las que desee aplicar un formato.
2. Haga clic con el botón derecho del ratón sobre ellas y seleccione Formato de celdas para abrir el

cuadro de diálogo Formato de celdas, que está compuesto por seis fichas:

* Número: Permite elegir un formato específico para el valor introducido en la celda. Configurar las opciones adicionales según la categoría elegida.
* Alineación: Permite configurar varias opciones referentes al texto que se visualizará en la celda (el valor contenido en la celda no tiene por qué ser texto).

* Fuente: Permite elegir el tipo de letra y demás formatos que le son propios, como estilo, tamaño o color.
* Bordes: En esta ficha se pueden aplicar bordes a cada lado de la celda y escoger el tipo de línea.
* Relleno: Permite aplicar un color y una trama para el fondo de la celda.
* Proteger: Aquí se puede decidir entre bloquear u ocultar la celda para evitar su modificación.

Advertencia: Si la hoja está protegida, es posible que no pueda modificar el formato de las celdas o de otros elementos de la hoja.

Formato de columnas y filas

1. Seleccione un rango que contenga las filas o las columnas cuyo formato desee modificar.

2. Haga clic en el botón ⬚ Formato ▾ que se encuentra en el grupo Celdas de la ficha Inicio y seleccione alguna de las opciones del menú.

Entre otras, las opciones posibles son:

- Ajustar la anchura de las columnas o la altura de las filas.

- Determinar el ancho estándar de todas las columnas de la hoja.

- Ocultar o mostrar las columnas o las filas.

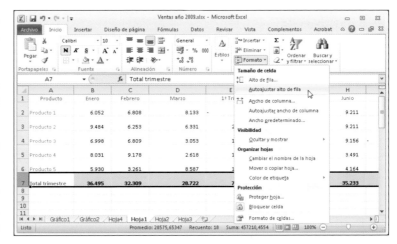

Para ajustar manualmente el ancho de una columna o la altura de una fila:

1. Sitúe el cursor en la línea derecha o en la línea inferior del indicador de la columna o de la fila, respectivamente, cuya dimensión desee modificar.

2. Arrastre con el ratón dicha línea.

Para ajustar automáticamente el ancho de una columna o la altura de una fila:

1. Sitúe el cursor en la línea derecha o en la línea inferior del indicador de la columna o de la fila, respectivamente, cuya dimensión desee modificar.

2. Haga doble clic cuando el cursor cambie a una flecha de cuatro puntas.

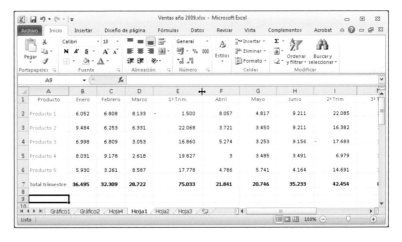

Formato condicional

El formato condicional le permite resaltar determinadas celdas que reúnan ciertos criterios:

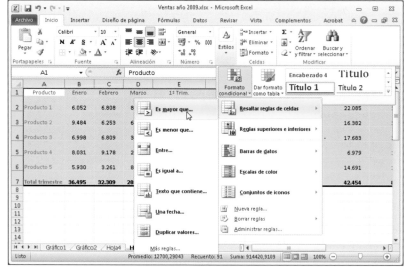

1. Seleccione la celda o el rango de celdas a las que desee aplicar el formato condicional.

2. Seleccione una de las opciones ofrecidas por la lista desplegable del botón **Formato condicional** dentro del grupo Estilos en la ficha Inicio.

3. Escriba la regla deseada y seleccione las opciones de presentación de la celda antes de hacer clic en **Aceptar** para cerrar el cuadro de diálogo que se abre.

Para crear una nueva regla de formato condicional:

1. Seleccione la celda o el rango de celdas a las que desee aplicar el formato condicional.

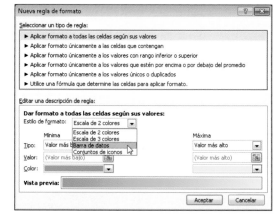

2. Seleccione la opción Nueva regla del botón **Formato condicional** dentro del grupo Estilos en la ficha Inicio.

3. En el cuadro de diálogo Nueva regla de formato, seleccione las opciones deseadas desde los cuadros y listas desplegables proporcionadas y haga clic en **Aceptar**.

Truco: Para borrar o agregar reglas de formato utilice la opción Administrar reglas del botón **Formato condicional**.

Formato de la hoja

Los formatos que se pueden aplicar a una hoja son los siguientes:

- Cambiar el nombre de la hoja.
- Color de la etiqueta de la hoja.
- Mostrar y ocultar hojas.
- Mover o copiar hojas.
- Proteger o bloquear hojas.

Para cambiar el formato de la hoja:

1. Seleccione las hojas cuyo formato desee modificar.
2. Seleccione alguna de las opciones del menú del botón o del menú contextual que se abre al hacer clic con el botón derecho del ratón sobre las etiquetas de las hojas.

Truco: Para cambiar el nombre de una etiqueta, haga doble clic sobre ella y escriba el nuevo nombre.

Aplicar una imagen al fondo de una hoja

Para aplicar una imagen de fondo a una hoja:

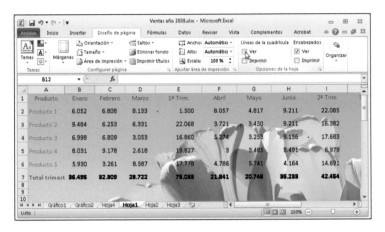

1. Active la hoja a la que se desee aplicar un fondo.

2. Haga clic en el botón **Fondo** que se encuentra en el grupo Configurar página de la ficha Diseño de página.

3. Busque un archivo en el cuadro de diálogo Fondo de hoja y haga clic en **Insertar**.

Capítulo 4
Microsoft
Access 2010

Elementos de la ventana

Al abrir el programa se activa el menú de la ficha Archivo desde donde puede abrir una base de datos creada, crear una nueva o utilizar una de las plantillas presentadas.

Tras seleccionar una de las opciones de base de datos se abrirá una ventana conteniendo los siguientes elementos comunes:

1. Cinta de opciones
2. Ficha Archivo
3. Barra de acceso rápido
4. Ficha de comandos
5. Grupo de comandos
6. Comando
7. Botón Minimizar
8. Botón Maximizar/Minimizar tamaño
9. Botón Cerrar
10. Área de trabajo
11. Panel de navegación
12. Fichas de elementos abiertos
13. Barra de estado
14. Botones de vista

Nota: Para abrir o cerrar el panel de navegación, haga clic en el botón **Tamaño del panel** («).

Asistentes y opciones

Access cuenta con un buen número de opciones y asistentes dentro de la ficha Crear agrupadas en los siguientes grupos de comandos:

Nombre del grupo	Descripción
Plantillas	Inserta o crea partes de una base de datos o aplicación completa.
Tablas	Incluye los comandos necesarios para crear una tabla vacía, en la vista diseño y basadas en listas de SharePoint.
Formularios	Contiene diversas opciones para la creación de un formulario así como un asistente para formularios.
Informes	Con los comandos de este grupo puede crear informes y etiquetas.
Macros y código	Incluye distintos comandos para automatizar tareas repetitivas y crear interfaces.

Para crear una base de datos a partir de una plantilla:

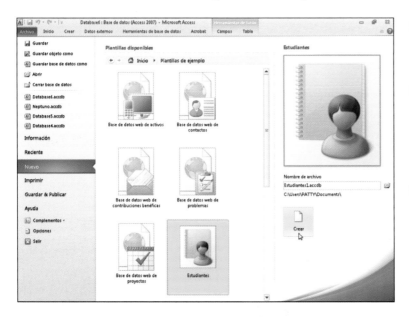

1. Seleccione la opción Nuevo de la ficha Archivo.

2. Seleccione una de las plantillas de la sección Plantillas disponibles o de la sección Plantillas de Office.

3. Dependiendo de su elección, haga clic en **Crear** o en **Descargar**.

Abrir una base de datos en blanco

Para abrir una base de datos en blanco en Access:

1. Haga clic en **Base de datos en blanco** dentro de la opción Nuevo del menú Archivo en la sección Plantillas disponibles.

2. Haga clic en **Crear**.

3. Se mostrará una tabla en blanco que le servirá de base para crear una nueva con ayuda de las fichas Campos y Tabla de Herramientas de tabla.

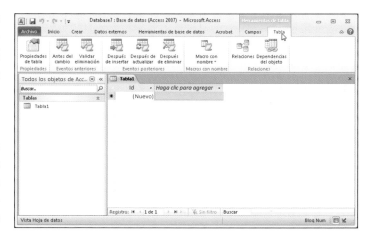

Guardar una base de datos en blanco

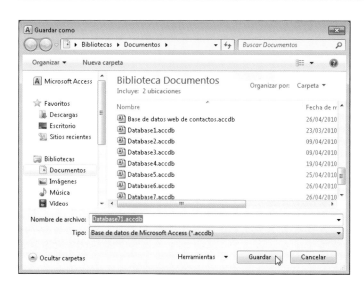

Guarde una base de datos en blanco siguiendo estos pasos:

1. Haga clic en **Guardar base de datos como** de la ficha Archivo.

2. Escriba un nombre para la base de datos en Nombre del archivo dentro del cuadro de diálogo Guardar como.

3. Haga clic en **Guardar**.

Truco: Si desea guardar la base de datos en una red, haga clic en la lista desplegable del botón **Herramientas** y seleccione Conectar a una unidad de red dentro del cuadro de diálogo Guardar como.

Crear una tabla

Al abrir una base de datos en blanco, se crea automáticamente una tabla. Para añadir más tablas a una base de datos existente:

1. Haga clic en el botón **Tabla** del grupo Tablas dentro de la ficha Crear.

2. Se añadirán los siguientes elementos:

    • Una nueva tabla con nombre predeterminado, Tabla2 en el panel de navegación.

    • Una ficha de comandos contextual, Herramientas de tabla.

    • Dos fichas, Campos y Tabla dentro de Herramientas de tabla.

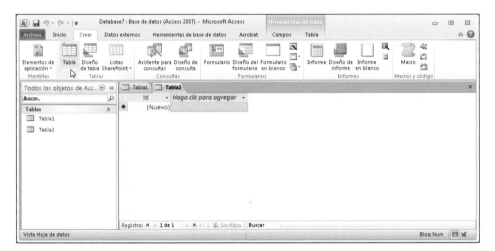

Para crear una nueva tabla importando datos externos:

1. Haga clic en uno de los orígenes de datos disponibles en el grupo Importar y vincular de la ficha Datos externos.

2. Especifique los campos necesarios en el cuadro de diálogo que se abre y siga las instrucciones proporcionadas por el asistente correspondiente.

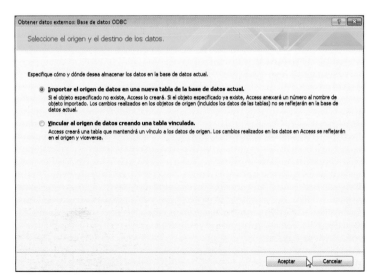

Modificar campos

Cada registro (fila) de una tabla agrupa una serie de datos: los distintos campos (columnas). Para modificar los campos de una tabla seleccionada en el panel de navegación:

* Haga clic en la flecha del botón **Ver** ( ) en el grupo Vistas de la ficha Campos, seleccione Vista Diseño y efectúe las modificaciones deseadas.

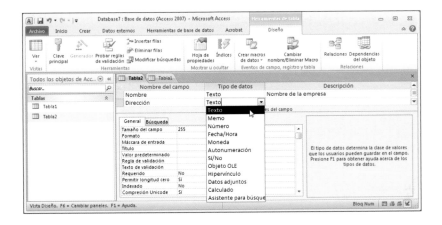

Agregar campos a una tabla

Para agregar campos a una tabla:

1. Haga clic en el botón **Vista Hoja de datos** ( ) que se encuentra en la parte inferior derecha de la ventana.

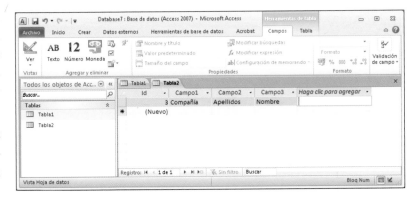

2. Escriba los datos en la celda situada debajo de Haga clic para agregar.

3. Tras crear el diseño, haga clic en **Guardar** ( ).

4. En su caso, asigne un nombre a la tabla en el cuadro de diálogo Guardar como y haga clic en **Aceptar** o simplemente cancele o acepte los cambios haciendo clic en **Cancelar** y en **Aceptar** respectivamente.

Introducir datos

Para introducir datos en una tabla:

1. Haga doble clic sobre la tabla en la que desee introducir datos dentro del panel de navegación.

2. Cambie a la **Vista Hoja de datos** (⊞), si se encuentra en otra vista, para comenzar a introducir datos.

3. Introduzca nuevos registros indicando los datos correspondientes a cada campo:

- Tras escribir un valor en un campo, pulse **Tab** para saltar al siguiente campo del mismo registro.

- Tras escribir el último campo de un registro, pulse **Intro** para rellenar el primer campo del siguiente registro.

- Si el dato indicado no es del tipo definido o excede el límite establecido, Access mostrará un mensaje de advertencia.

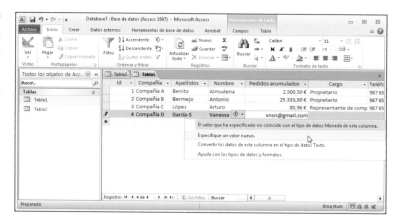

- Los campos de tipo Autonumeración se rellenan automáticamente. Pulse directamente **Intro** para omitirlos.

Truco: También puede desplazarse por los campos introducidos utilizando las teclas del cursor.

Desplazarse por la tabla

Para seleccionar un registro, haga clic a la izquierda del mismo en la vista Hoja de datos. Para desplazarse entre los registros, utilice la barra de controles de registro situada en la parte inferior de la ventana de la tabla.

O bien:

- Utilice las teclas del cursor u otras teclas de desplazamiento como **Tab**, **Inicio** o **AvPág**.

Icono	Utilícelo para
	Desplazarse hasta el primer registro.
	Desplazarse hasta el registro anterior.
	Desplazarse hasta el registro siguiente.
	Desplazarse hasta el último registro.
	Crear registro.

Modificar datos en la vista Diseño

Para utilizar la vista Diseño para modificar datos:

1. Haga clic en el botón **Vista Diseño** (📐) que se encuentra en la parte inferior derecha de la ventana.

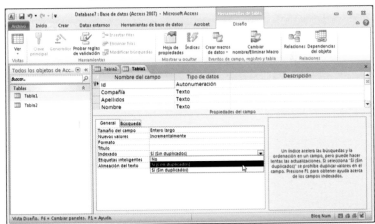

2. Seleccione el nombre del campo, tipo de datos o la descripción de un registro y efectúe la modificación necesaria.

3. Para cambiar otros datos, seleccione la opción correspondiente en la ficha General.

Nota: Para cambiar el nombre de cualquier elemento de Access, haga clic sobre él con el botón derecho del ratón en el panel de navegación y seleccione Cambiar nombre.

Buscar y reemplazar datos

Si la tabla es muy extensa, la función de búsqueda rápida le resultará de gran ayuda.

- Escriba la palabra que desea buscar en el cuadro Buscar que se encuentra en la parte inferior de la ventana, junto a los botones de desplazamiento de los registros y pulse **Intro**.

Para reemplazar datos:

1. Haga clic en el botón **Reemplazar** (📇) del grupo Buscar en la ficha Inicio. Aparecerá el cuadro de diálogo Buscar y reemplazar.
2. Escriba el dato de búsqueda en el cuadro Buscar y los datos de reemplazo en Reemplazar por.
3. En Buscar en, indique si desea buscar en toda la tabla o en el campo activo.
4. En Coincidir, indique si el dato se ajusta al especificado en Buscar o no.
5. En el cuadro de lista Buscar, indique la dirección de la búsqueda.
6. Hacer clic en **Buscar siguiente** para buscar la siguiente coincidencia, en **Reemplazar** para reemplazar el dato encontrado con el dato escrito en el cuadro Reemplazar por o en **Reemplazar todos** para reemplazar todas las coincidencias del dato buscado con el dato de reemplazo.

Truco: Puede abrir el cuadro de diálogo Buscar y reemplazar pulsando **Control-B** y seleccionando la ficha Reemplazar o Buscar como sea necesario.

Ordenar y filtrar los datos

Para ordenar rápidamente la tabla en orden ascendente o en orden descendente:

1. Seleccione el campo que desee ordenar.

2. Haga clic en el botón **Orden ascendente** (Ascendente) o en el botón **Orden descendente** (Descendente) que se encuentran en el grupo Ordenar y filtrar de la ficha Inicio.

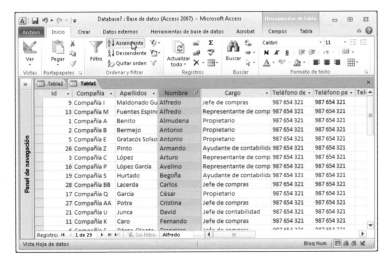

Para filtrar todos los registros de la tabla:

1. Seleccione cualquier campo de la columna que desee filtrar.

2. Haga clic en el botón **Filtro** que se encuentra en el grupo Ordenar y filtrar de la ficha Inicio.

3. Seleccione una opción de la lista desplegable.

Nota: Puede filtrar los datos por selección haciendo clic en la lista desplegable del botón **Selección** (📌) y seleccionando un criterio de filtrado.

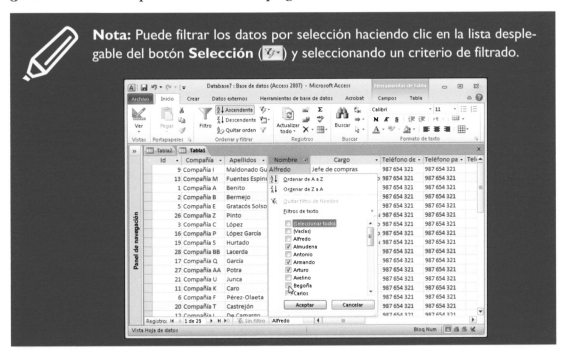

Formato de una tabla

Para modificar el formato de una tabla:

1. Abra la tabla cuyo formato desee modificar.

2. Seleccione alguna de las opciones del grupo Formato de texto de la ficha Inicio.

- **Color de fuente** (A·): Seleccione un color de fuente para el texto de las celdas de la tabla.

- **Color de fondo** (⬧·): Seleccione un color de relleno para el fondo de las celdas de la tabla.

- **Líneas de división** (⊞·): Seleccione alguna de las opciones de para aplicar una cuadrícula.

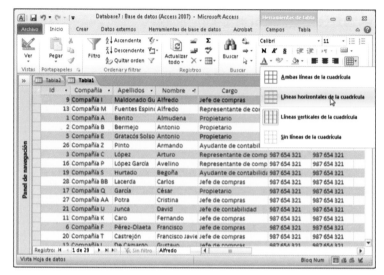

Advertencia: Los formatos de texto se aplican a toda la tabla, no a las celdas seleccionadas.

Para aplicar un formato a la hoja de datos:

1. Haga clic en el iniciador del cuadro de diálogo Formato de hoja de datos del grupo Formato de texto en la ficha Inicio.

2. En Efecto de celda, seleccione uno de los botones de opción para aplicar el efecto elegido a las celdas de la hoja. Si no desea ver las cuadrículas en la hoja de datos, anule la selección de las casillas Horizontal y Vertical.

3. Seleccione otras opciones en el cuadro de diálogo y haga clic en **Aceptar** cuando haya terminado.

Exportar datos

Para exportar datos a otros programas seleccione una de las opciones
del grupo Exportar dentro de la ficha
Datos externos, siga las instrucciones
de las distintas pantallas, seleccione si desea guardar la exportación y
haga clic en **Guardar exportación**
o en **Cerrar** para cerrar el cuadro de
exportación sin guardar los pasos.

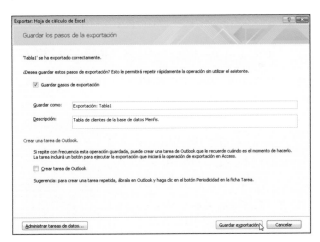

Relaciones entre tablas

Para ver las relaciones entre las tablas de una base de datos:

1. Abra la tabla cuyas relaciones quiere ver y haga clic en el botón **Relaciones** del
   grupo Relaciones de la ficha Tabla en Herramientas de base de datos.

2. Podrá ver las relaciones y la ficha contextual Herramientas de relaciones:

   - Haga clic en los distin-
     tos botones del grupo
     Relaciones para mos-
     trar y ocultar tablas y
     relaciones.
   - Haga clic en **Modifi-
     car relaciones** del
     grupo Herramientas
     si desea cambiar las
     relaciones existentes.
   - Para cerrar la venta-
     na de relaciones, haga
     clic en **Cerrar**.

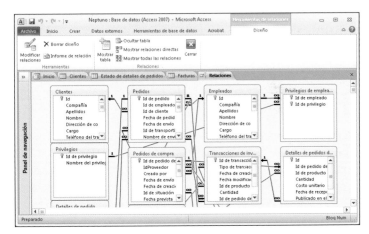

Truco: Puede crear relaciones entre las tablas arrastrando líneas entre los distintos campos de las tablas en el área de trabajo y realizando los cambios requeridos en el cuadro Modificar relaciones.

Vistas de tabla y de gráfico dinámico

En Access, aparte de las vistas Diseño y Hoja de datos, se incluyen otras dos vistas a las que puede acceder haciendo clic en la lista desplegable del botón **Ver** del grupo Vistas en la ficha Inicio.

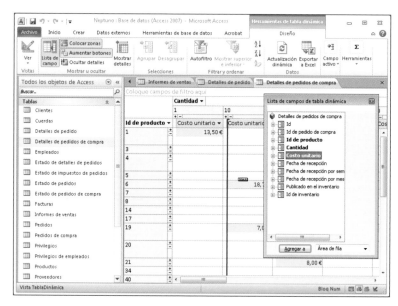

Tabla dinámica

Seleccione una tabla y, posteriormente, Vista Tabla dinámica del menú desplegable mencionado y arrastre los distintos campos del panel Lista de campos de tabla dinámica para crear una tabla dinámica.

Gráfico dinámico

Seleccione una tabla y, posteriormente, Vista Gráfico dinámico del menú desplegable mencionado y arrastre los distintos campos del panel Lista de campos de gráfico para crear un gráfico dinámico.

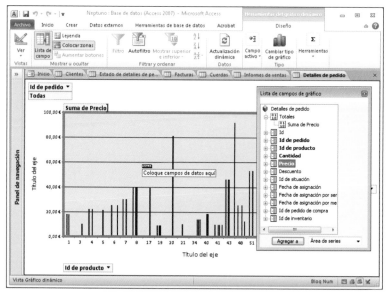

Nota: Con el panel Lista de campos de la tabla o del gráfico dinámico podrá colocar los campos en el área de trabajo sin tener que arrastrarlos. Para ello, seleccione un campo y haga clic en la flecha desplegable del cuadro inferior para elegir su ubicación antes de hacer clic en **Agregar a.**

Asistente para consultas

Las consultas tienen la estructura de tabla cuyos datos se han obtenido de registros y campos ya existentes en otras tablas. Para crear una consulta con el asistente:

1. Haga clic en el botón **Asistente para consultas** en el grupo Consultas de la ficha Crear.

2. Seleccione Asistente para consultas sencillas y haga clic en **Aceptar**.

3. En el cuadro de lista desplegable Tablas/Consultas, seleccione la tabla o la consulta sobre la que se desea crear la consulta y haga clic en los botones de flecha para agregar o quitar un campo de la consulta.

4. Haga clic en **Siguiente**, escriba un nombre para la consulta y opte por abrir la consulta o modificar su diseño.

5. Hacer clic en **Finalizar**.

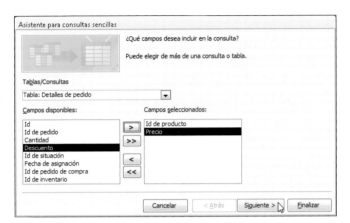

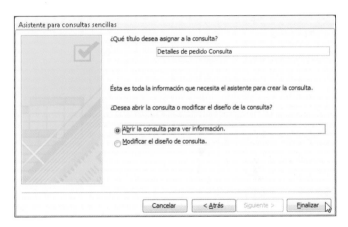

Access incluye además otros tres asistentes para consultas más específicas que puede seleccionar en la primera página del asistente para consultas:

- Asistente para consultas de tabla de referencias cruzadas.

- Asistente para búsqueda de duplicados.

- Asistente búsqueda de no coincidentes.

 Nota: En la parte izquierda de este cuadro de diálogo aparece una breve descripción de cada una de las opciones disponibles.

Diseñar una consulta

Para diseñar una consulta de selección desde el principio:

1. Haga clic en el botón **Diseño de consulta** del grupo Consultas en la ficha Crear.

2. En el cuadro de diálogo Mostrar tabla, haga clic en **Agregar** tras seleccionar cada una de las tablas o consultas sobre las que desee basar la nueva consulta y haga clic en **Cerrar** para continuar.

3. El panel superior del diseño de consultas muestra las tablas y consultas de las que se pueden extraer campos. El panel inferior permite el diseño en sí. Este último se divide en columnas que representan campos:

   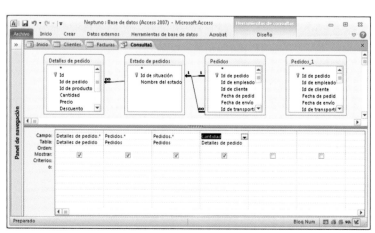

   - Indique en los cuadros Campo y Tabla qué campo desea incluir y a qué tabla o consulta pertenece.

   - Indique un orden ascendente, descendente o no ordenar los datos.

   - Opte por mostrar o no dicha columna en la consulta.

   - Establezca criterios para incluir en la consulta sólo los registros que los cumplan. Se pueden utilizar operadores de comparación y comodines.

4. Haga clic en el botón **Guardar** de la barra de acceso rápido. Escriba un nombre para la consulta y haga clic en **Aceptar**.

Tipos de consulta

Existen diversos tipos de consultas y opciones que puede encontrar en el grupo Tipo de consulta de la ficha Diseño en Herramientas de consultas, siendo las principales:

Icono	Descripción
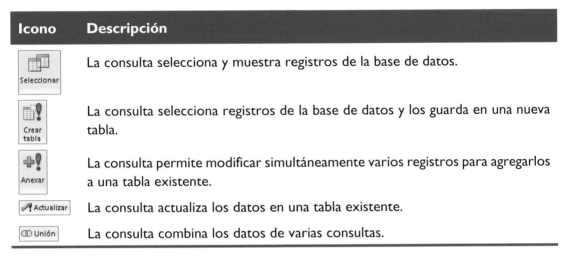 Seleccionar	La consulta selecciona y muestra registros de la base de datos.
Crear tabla	La consulta selecciona registros de la base de datos y los guarda en una nueva tabla.
Anexar	La consulta permite modificar simultáneamente varios registros para agregarlos a una tabla existente.
Actualizar	La consulta actualiza los datos en una tabla existente.
Unión	La consulta combina los datos de varias consultas.

Para utilizar cualquiera de estas opciones:

1. Dentro de la vista Diseño de Herramientas de consultas, seleccione alguna de las opciones que aparecen en el grupo Tipo de consulta de la ficha Diseño.

2. Según el tipo de consulta seleccionado, cambiarán las opciones a rellenar en la ventana de diseño y es posible que se abra algún cuadro de diálogo.

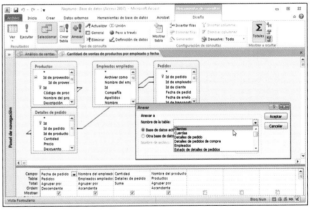

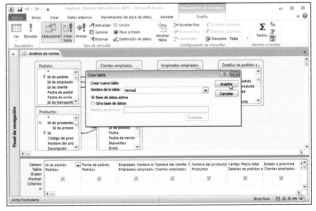

Formularios automáticos y Asistente para formularios

Los formularios permiten trabajar con los datos de una tabla de una forma más cómoda. Para crear un formulario automático:

1. Abra la tabla o la consulta para la que se desea crear un formulario.

2. Haga clic en el botón **Formulario** del grupo Formularios en la ficha Crear.

3. Se abre una ventana de formulario en la que se pueden modificar datos o añadir nuevos registros de forma rápida y cómoda.

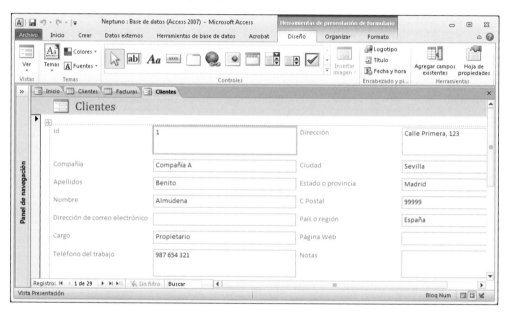

Para crear un formulario con ayuda del asistente:

1. Haga clic en el botón [🖳 Asistente para formularios] dentro del mismo grupo.

2. Siga los pasos especificados en las distintas pantallas del asistente especificando campos y otras opciones y haga clic en **Siguiente** hasta llegar a la pantalla final.

3. Escriba un título para el formulario, seleccione la opción apropiada y haga clic en **Finalizar**.

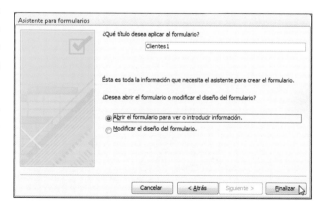

Crear un formulario en vista Diseño

Sin duda, la forma más versátil de crear un nuevo formulario es desde la vista Diseño:

1. Haga clic en el botón **Diseño del formulario** en el grupo Formularios de la ficha Crear.

2. Haga clic en los diversos botones del grupo Controles en la ficha Diseño de Herramientas de diseño de formulario para crear manualmente su formulario, arrastrando el control tras hacer clic sobre él.

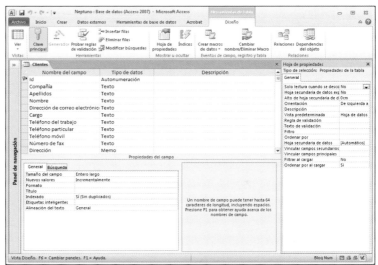

3. Siga las instrucciones de los distintos asistentes de los controles para diseñar el formulario.

4. Para abrir el encabezado del formulario, haga clic sobre la cuadrícula de diseño con el botón derecho del ratón y seleccione Encabezado de formulario.

5. La sección Detalle incluye los controles que permiten mostrar y seleccionar los datos de cada registro.

6. Para ver y modificar la propiedad de un control, haga doble clic sobre él para abrir el panel Hoja de propiedades.

Nota: Para activar los asistentes de los controles de formulario, seleccione la opción Utilizar Asistentes para controles de la flecha desplegable del grupo Controles en la ficha Diseño de Herramientas de diseño de formulario. Anule la selección de dicha opción si desea desactivar los asistentes.

Operaciones con controles

Los controles permiten agregar diversos elementos al formulario y todos ellos se encuentran dentro del grupo Controles en la ficha Diseño de Herramientas de diseño de formulario.

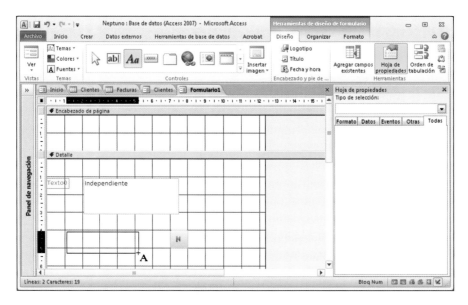

Para agregar un control al diseño:

- Haga clic sobre el botón del control y después arrastre en la posición donde lo desee agregar dentro de una sección determinada de la ventana de diseño.

Éstos son algunos de los controles más utilizados:

Icono	Utilícelo para
	Seleccionar un control agregado.
ab|	Crear un cuadro de texto.
Aa	Insertar etiquetas.
	Insertar botones.
	Crear una ficha.
	Insertar un hipervínculo
	Establecer diversas opciones.
	Insertar casillas de selección.

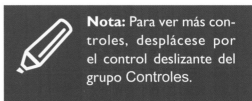

Nota: Para ver más controles, desplácese por el control deslizante del grupo Controles.

Informes automáticos y Asistente para informes

Los informes crean un modelo de organización y presentación de los datos de una tabla o consulta para su impresión. Para crear un informe automático:

1. Abra la tabla o la consulta para la que desee crear un informe.

2. Haga clic en el botón **Informe** del grupo Informes en la ficha Crear.

3. Modifique o añada nuevos registros con ayuda de las fichas presentadas por las Herramientas de presentación de informe.

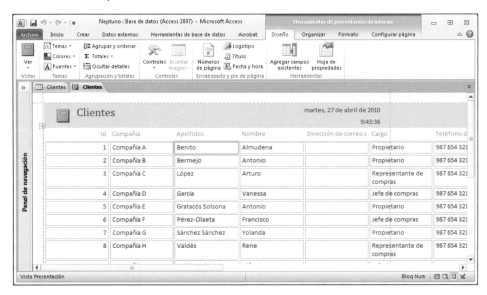

Para crear un informe con ayuda del asistente:

1. Haga clic en el botón **Asistente para informes** (🔍) en el grupo Informes de la ficha Crear.

2. Siga los pasos por las distintas pantallas del asistente y haga clic en **Siguiente** en cada una de ellas.

3. Escriba un título para el informe en la última pantalla y haga clic en **Finalizar**.

Nota: Haga clic en el botón **Cerrar vista preliminar** para volver a la presentación normal del informe.

Crear un informe en blanco

También es posible crear un informe en blanco sin ayuda de los asistentes. Para ello.

1. Seleccione una tabla o formulario.

2. Haga clic en el botón **Informe en blanco** del grupo Informes en la ficha **Crear**.

3. Se abre la ventana de diseño del informe con el panel Lista de campos a la derecha, desde donde puede arrastrar los campos para el informe.

4. En la ventana de diseño del informe, incluya los objetos y controles que considere necesarios utilizando los botones de las fichas Diseño, Formato, Organizar y Configurar página de las Herramientas de diseño de informe y haciendo doble clic en los elementos de la lista de controles para incluirlos en el diseño.

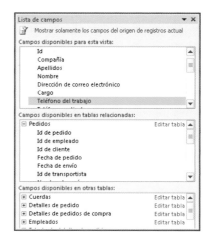

5. Aplique formato y configure cada uno de los elementos incluidos en el informe.

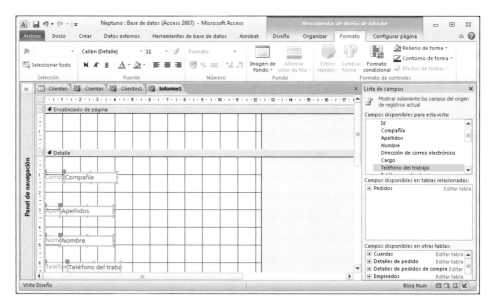

Nota: Si no puede ver ningún campo en el panel Lista de campos, haga clic en el vínculo Mostrar todas las tablas y haga clic en los distintos campos disponibles de otras tablas.

Imprimir un informe

Una vez creado y guardado el informe, éste aparecerá reflejado en el panel de navegación.

1. Seleccione el informe que se desee imprimir.
2. Seleccione la opción Imprimir de la ficha Archivo.
3. Haga clic en **Vista preliminar** para configurar la impresión utilizando las opciones proporcionadas en los distintos grupos.

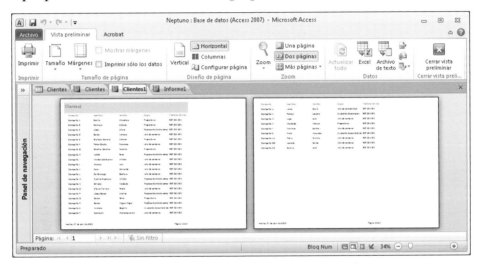

 Nota: Si el aspecto del informe no es el deseado, haga clic en el botón **Cerrar Vista Preliminar** y abra la vista Diseño para modificarlo.

4. Imprima el informe haciendo clic en el botón **Imprimir**.
5. Configure la impresora y otras opciones como las páginas para imprimir o el número de copias.
6. Haga clic en **Aceptar**.

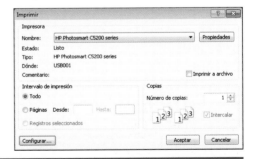

 Truco: Para abrir el cuadro de diálogo de impresión rápidamente, pulse la combinación de teclas **Control-P**.

Guardar la base de datos como plantilla

Para guardar la base de datos como una plantilla:

1. Seleccione Guardar & Publicar de la ficha Archivo y haga clic en **Guardar base de datos como**.

2. Seleccione Plantilla (*accdt) en la sección Guardar base de datos como.

3. Haga clic en el botón **Guardar como** y escriba o seleccione las opciones requeridas en el cuadro de diálogo Crear una plantilla nueva desde la base de datos.

4. Haga clic en **Aceptar**.

 Nota: Si no ha cerrado todos los objetos de la base de datos, el programa se lo hará saber con distintos mensajes desde donde podrá corregir la situación para seguir adelante.

Cifrar con contraseña

Puede cifrar una base de datos para restringir el acceso a la misma:

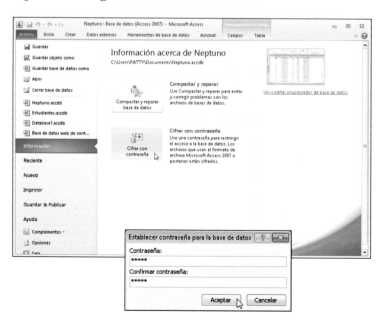

1. Seleccione Información en la ficha Archivo.

2. Haga clic en el botón **Cifrar con contraseña**.

3. Escriba dos veces una contraseña en el cuadro de diálogo Establecer contraseña para la base de datos.

4. Haga clic en **Aceptar** para activar la contraseña.

Compactar y reparar la base de datos

Para reparar y corregir problemas con los archivos de la base de datos:

1. Seleccione Información de la ficha Archivo.

2. Haga clic en **Compactar y reparar base de datos**.

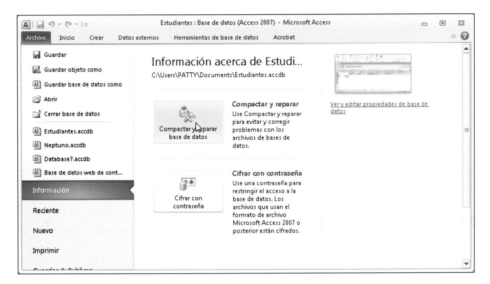

Configuración de macros

La opción de seguridad de macros permite habilitar o deshabilitar las macros. Para configurarla:

1. Haga clic en el botón **Opciones** de la ficha Archivo.

2. Seleccione Centro de confianza y haga clic en **Configuración del Centro de confianza**.

3. Seleccione la opción deseada en el cuadro de diálogo Centro de confianza y haga clic en **Aceptar**.

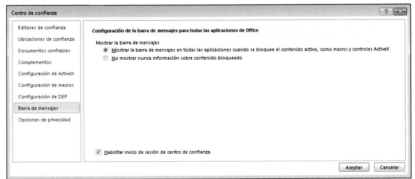

Capítulo 5
Microsoft
Outlook 2010

Ventana de Outlook

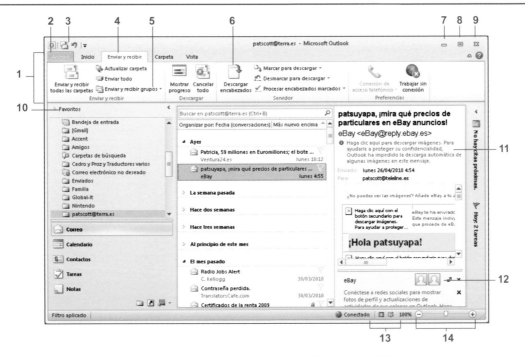

1. Cinta de opciones
2. Ficha Archivo
3. Barra de acceso rápido
4. Ficha de comandos
5. Grupo de comandos
6. Comando
7. Botón Minimizar
8. Botón Maximizar/Minimizar tamaño
9. Botón Cerrar
10. Panel de navegación
11. Panel de lectura
12. Panel de personas
13. Botones de vistas
14. Botones de Zoom

- Microsoft Outlook 2010 le ayudará a llevar un control sobre sus citas, tareas pendientes y mensajes de correo electrónico de forma eficiente.
- Con el nuevo panel de personas podrá acceder fácilmente a la información del contacto así como a incluirlo en sus propias redes sociales.
- El panel central incluye opciones de búsqueda que le ayudarán a encontrar fácilmente sus mensajes.
- Para expandir o contraer los distintos paneles de la ventana de la aplicación, haga clic en las distintas flechas o arrastre los bordes verticales del panel hasta la ubicación deseada.
- Puede utilizar la opción de Contactos como una agenda personal.

Nota: Para ver la pantalla de Outlook para hoy en esta nueva versión del programa, seleccione la carpeta Archivo de datos de Outlook en el panel de navegación.

Carpetas de Outlook

Los distintos elementos de Outlook se almacenan en carpetas. Para crear carpetas nuevas:

1. Haga clic con el botón derecho del ratón sobre la lista de carpetas y seleccione Nueva carpeta o pulse **Control-Mayús-E**.

2. En el cuadro de diálogo Crear nueva carpeta, escriba un nombre en Nombre.

3. Seleccione en el cuadro de lista Contenido de la carpeta, el tipo de elementos que se incluirán en ella y la ubicación dentro de la ventana Seleccionar ubicación de la carpeta.

4. Haga clic en **Aceptar**.

Para eliminar una carpeta de Outlook:

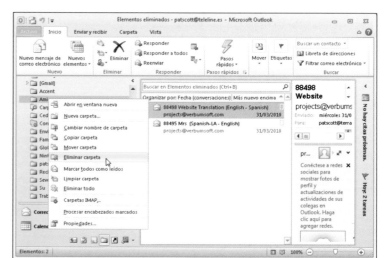

1. Seleccione la carpeta en la lista de carpetas.

2. Haga clic con el botón derecho del ratón y seleccione Eliminar carpeta.

Para limpiar una carpeta:

1. Seleccione la carpeta que desea limpiar.

2. Haga clic en la flecha desplegable del botón **Limpiar carpeta** dentro de la ficha Carpetas en el grupo Limpiar.

3. Seleccione Limpiar carpeta para eliminar los mensajes redundantes de las conversaciones de la carpeta seleccionada.

4. Seleccione Limpiar carpeta y subcarpetas para eliminar los mensajes redundantes tanto de la carpeta seleccionada como de las subcarpetas que contiene.

Nota: Para eliminar de forma permanente los elementos de la carpeta seleccionada, haga clic en el botón **Vaciar carpeta** del mismo grupo.

Configurar cuentas de correo

Para agregar una cuenta de correo electrónico:

1. Haga clic en el botón **Agregar cuenta** de la ficha Archivo dentro de Información.

2. En la primera página del asistente, escriba su nombre, dirección de correo electrónico y contraseña en los cuadros correspondientes y haga clic en **Siguiente**.

3. Haga clic en **Finalizar** o en **Agregar otra cuenta** si desea añadir más cuentas.

Para modificar cuentas de correo existentes:

1. Haga clic en la lista desplegable del botón **Configuración de la cuenta** en la opción Información de la ficha Archivo y seleccione Configuración de la cuenta.

2. Seleccione la cuenta que desee modificar y haga clic en **Cambiar...**.

3. Realice los cambios necesarios en el cuadro de diálogo Cambiar cuenta de correo electrónico, haga clic en **Siguiente** y, por último, en **Finalizar**.

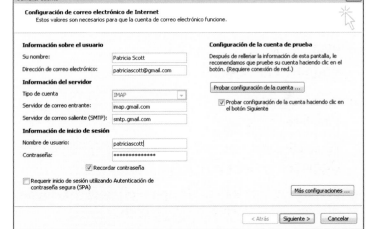

Nota: Para probar la conexión, haga clic en **Probar configuración de la cuenta** en el cuadro de diálogo Cambiar cuenta.

Recibir, leer y buscar mensajes

Para recibir mensajes de correo de todas las cuentas configuradas:

• Haga clic en el botón **Enviar y recibir todas las carpetas** de la sección Enviar y recibir en la ficha **Inicio** o pulse **F9**.

Para seleccionar y leer un mensaje:

1. Haga clic sobre el mensaje en la lista de carpetas.

2. En el panel lectura aparecerá el cuerpo del mensaje. Utilice las barras de desplazamiento para ver todo su contenido.

3. Para abrir un mensaje en una ventana propia, haga doble clic sobre el mensaje deseado dentro de la lista.

Para buscar un mensaje:

1. Escriba las palabras de búsqueda dentro del cuadro Buscar Bandeja de entrada encima del panel central y pulse **Intro**.

2. Haga clic en el mensaje deseado para abrirlo en su propia ventana.

3. Utilice las opciones que se ofrecen en los distintos grupos de la ficha Herramientas de búsqueda para refinar su búsqueda.

El panel de lectura

El panel de lectura se sitúa, de forma predeterminada, en la parte superior derecha de la ventana de Outlook. Para modificar su posición:

1. Haga clic en la flecha de lista desplegable del botón en la ficha Vista dentro del grupo Diseño.

2. Seleccione una de las opciones ofrecidas en la lista.

Para configurar algunas opciones del panel de lectura:

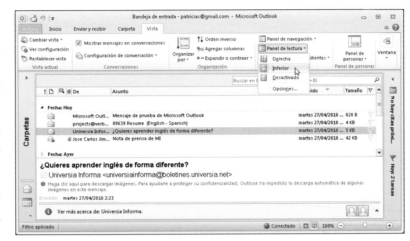

1. Seleccione la ficha Archivo y haga clic en **Opciones**.

2. Seleccione Avanzado y haga clic en el botón **Panel de lectura**.

3. Seleccione las opciones deseadas en el cuadro de diálogo Panel de lectura y haga clic en **Aceptar**.

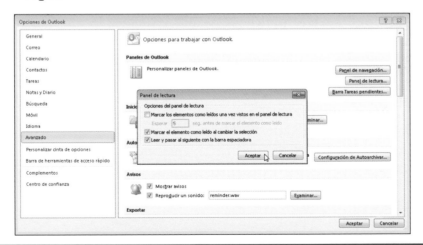

Truco: Para ampliar o reducir la vista del panel de lectura, arrastre uno de sus bordes verticales u horizontales a su nueva ubicación.

Disposiciones de organización

Outlook proporciona distintas posibilidades para mostrar los mensajes.

Para seleccionar cualquiera de ellas, basta con hacer clic en el encabezado Organizado por y, a continuación, seleccionar la disposición que desee aplicar. Una vez seleccionada la organización, es posible seleccionar opciones de ordenación adicionales a la derecha del encabezado de columna Organizado por.

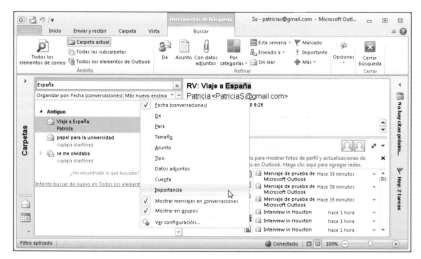

Organizar por conversación

Si recibe una gran cantidad de correo electrónico es mejor que lo agrupe en conversaciones de modo que le resulte mucho más sencillo buscar y dar respuesta a conversaciones o series de correo electrónico en los que participen los mismos remitentes y destinatarios.

Para ello, debe seguir los pasos anteriores y seleccionar Mostrar mensajes en conversaciones.

Posteriormente, sólo tendrá que hacer clic en la flecha desplegable de un mensaje para ver todos los mensajes relacionados.

Escribir mensajes

Para redactar un mensaje nuevo:

1. Haga clic en el botón **Nuevo mensaje de correo electrónico** o pulse **Control-U**.

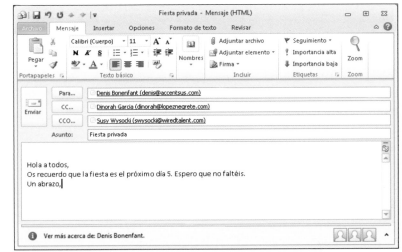

2. En el campo Para, escriba el destinatario del mensaje. En el campo CC, escriba otros destinatarios a los que desee enviar una copia del mensaje.

3. Para seleccionar a los destinatarios desde una lista de contactos, haga clic en los botones Para o CC.

4. En el cuadro de diálogo Seleccionar nombres, seleccione el contacto y haga clic en el botón correspondiente al campo al que desee agregar el destinatario.

5. Haga clic en **Aceptar** para salir del cuadro de diálogo después de agregar los destinatarios deseados, escriba en el campo Asunto una breve descripción del mensaje y redacte el mensaje en la ventana inferior.

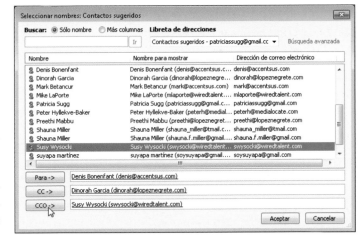

6. Haga clic en el botón **Enviar** para enviar el mensaje con la cuenta de correo predeterminada.

Nota: El campo CCO envía una copia del mensaje sin mostrar su nombre al resto de destinatarios.

Personalizar el correo electrónico

Para configurar las opciones generales del correo electrónico:

1. Seleccione la ficha Archivo y haga clic en **Opciones**.
2. Seleccione la ficha Correo.
3. Efectúe las modificaciones necesarias haciendo clic en los distintos botones o casillas de verificación y haga clic en **Aceptar**.

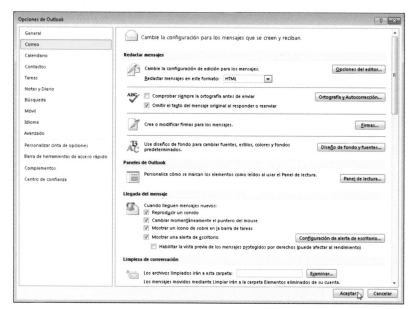

Para crear reglas de correo electrónico:

1. Haga clic en la lista desplegable del botón [Reglas ▾] dentro del grupo Mover de la ficha Inicio y seleccione Crear regla.
2. Seleccione las casillas de verificación deseadas y haga clic en los botones correspondientes para personalizar la regla.
3. Efectúe las modificaciones necesarias dentro de las distintas secciones proporcionadas, entre las que se encuentran las siguientes:
   - **Redactar mensajes:** Entre otras opciones, desde esta sección podrá crear o modificar firmas para los mensajes.
   - **Limpieza de conversación:** Establezca en esta sección las opciones de limpieza de sus carpetas.
4. Tras haber establecido las opciones deseadas, haga clic en **Aceptar**.

Nota: Para establecer alertas, seleccione Administrar reglas y alertas y siga los pasos indicados anteriormente.

Imprimir mensajes de correo electrónico

Para imprimir mensajes de correo electrónico:

1. Seleccione el mensaje que desee imprimir en la lista de mensajes.
2. Seleccione Imprimir dentro de la ficha Archivo.
3. Configure las opciones de impresión y defina, en su caso, el tamaño de la página o los encabezados y pies.
4. Haga clic en **Imprimir**.

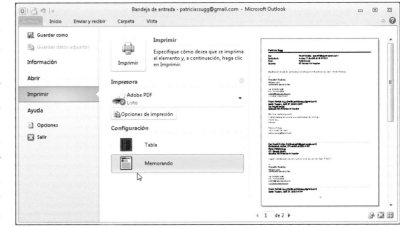

Responder y reenviar mensajes recibidos

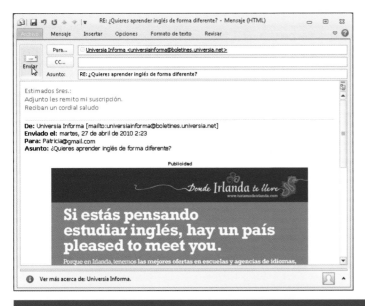

Para responder y reenviar mensajes recibidos:

1. Abra el mensaje que desea responder o reenviar.

2. Haga clic en una de las opciones del grupo Responder.

3. Escriba un nuevo mensaje y haga clic en **Enviar**.

Nota: Para reenviar como un mensaje adjunto, haga clic en el botón **Más acciones de respuesta** y seleccione Reenviar como datos adjuntos.

Panel de personas

Para agregar una persona a una red social:

1. Haga clic en el botón en el panel de personas.

2. Haga clic en **Siguiente** en el cuadro de diálogo que se abre.

3. Seleccione la red social a la que desee agregar la persona y escriba los datos correspondientes.

4. Haga clic en **Conectar** y posteriormente en **Finalizar** cuando haya terminado.

Nota: Para buscar más redes sociales e incluirlas en la lista, haga clic en el vínculo Ver proveedores de redes sociales disponibles en línea.

Pasos rápidos

Los pasos rápidos le permiten realizar diversas acciones con un solo clic:

- Haga clic en uno de las opciones del grupo Pasos rápidos dentro de la ficha Inicio para aplicar un paso rápido.

- Haga clic en el iniciador del cuadro de diálogo del mismo grupo para abrir el cuadro de diálogo Administrar Pasos rápidos para administrar los pasos rápidos creado.

- Para crear un paso rápido nuevo, haga clic en la flecha despegable del botón **Nuevo** dentro del cuadro de diálogo Administrar Pasos rápidos y seleccione una de las opciones proporcionadas.

Mostrar la barra de progreso

Para mostrar u ocultar el estado actual de la acción de enviar y recibir:

1. Seleccione la ficha Enviar y recibir y haga clic en **Mostrar progreso** del grupo Descargar.

2. Haga clic en el botón **Detalles** para ampliar el cuadro de progreso.

3. Seleccione la casilla No mostrar este cuadro de diálogo durante el envío o la recepción para ocultar el cuadro.

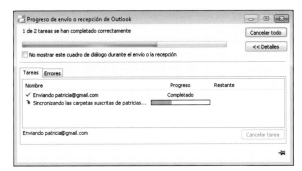

Confirmación de entrega y lectura

Para activar o desactivar la confirmación de entrega de mensaje y su lectura:

1. Seleccione la ficha Archivo y haga clic en **Opciones**.

2. Seleccione la opción deseada desde la sección Seguimiento de la ficha Correo dentro del cuadro de diálogo Opciones de Outlook.

3. Haga clic en **Aceptar**.

 Truco: Si desea enviar una confirmación de lectura a sus remitentes, seleccione Enviar siempre una confirmación de lectura dentro de la sección Seguimiento de la ficha Correo.

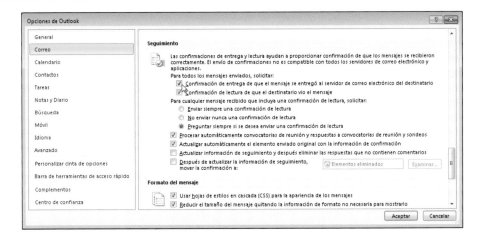

Filtro de correo no deseado

El filtro de correo no deseado impide que lleguen a la Bandeja de entrada mensajes de correo no deseado moviéndolos a la carpeta Correo electrónico no deseado. Para configurar las opciones de este filtro:

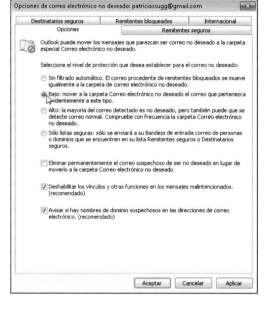

1. Haga clic con el botón derecho del ratón sobre un mensaje y seleccione el submenú Opciones para el correo electrónico no deseado de Correo no deseado.

2. Las fichas de este cuadro de diálogo permiten configurar el nivel del filtro, así como agregar remitentes y destinatarios a listas de usuarios que se consideran como seguros o que se bloqueen en función de las preferencias del usuario.

3. Haga clic en **Aplicar** cuando haya terminado y, por último, en **Aceptar**.

Cuando recibe o envía un mensaje de correo electrónico, es posible agregar el remitente o destinatario a la lista de usuarios seguros o bloqueados. Para ello:

1. Seleccione el mensaje y haga clic con el botón derecho del ratón.

2. Seleccione la opción deseada del menú contextual.

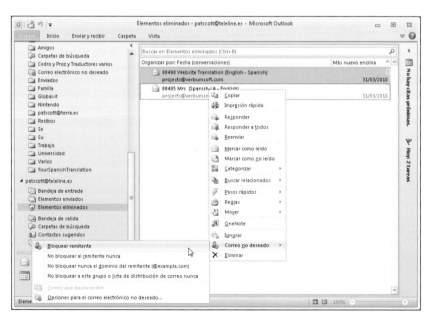

Citas

Para crear una nueva cita desde el calendario:

1. Haga clic en la opción **Calendario** en el panel de navegación.

2. En el calendario que aparece en la parte superior, desplácese hasta el día en el que tendrá lugar la cita y haga doble clic sobre él.

3. En el panel derecho en forma de agenda, haga clic sobre una hora y escriba su cita.

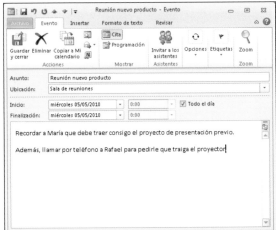

Para establecer opciones avanzadas en una cita creada:

1. Haga doble clic sobre la cita.

2. En el cuadro de diálogo Evento, establezca las opciones deseadas.

3. Haga clic en **Guardar y cerrar**.

Nota: Si no puede ver la opción **Calendario** en el panel de navegación, haga clic en la flecha desplegable de la esquina inferior derecha seleccione Mostrar más botones.

Reuniones

Para enviar invitaciones de reunión a los asistentes a la misma:

1. Haga clic en la opción **Calendario** en el panel de navegación.

2. En el calendario que aparece en la parte superior, desplácese hasta el día en el que tendrá lugar la reunión y haga doble clic sobre él.

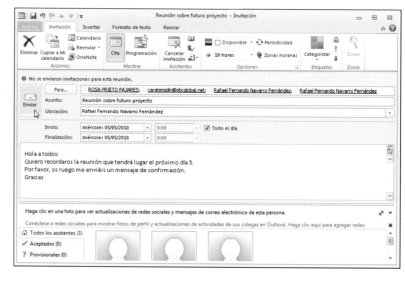

3. Haga clic en el botón **Nueva reunión** del grupo Nuevo dentro de la ficha Inicio.

4. Incluya a todos los asistentes a la reunión y escriba un asunto y el cuerpo de texto.

5. Haga clic en **Enviar** y confirme que desea actualizar su calendario haciendo clic en **Sí** en el mensaje que se abre.

Para eliminar una reunión, haga clic con el botón derecho del ratón sobre ella en el calendario y seleccione Cancelar reunión. Si no ha enviado aún ningún mensaje, la reunión se eliminará. Si ha enviado mensajes, se abrirá un nuevo mensaje de correo para enviar una cancelación a todos los invitados.

Añadir contactos nuevos

Para añadir contactos nuevos:

1. Haga clic en la opción **Contactos** en el panel de navegación y seleccione la lista en la que desee agregar un nuevo contacto.

2. Haga clic en el botón **Nuevo contacto** del grupo Nuevo en la ficha Inicio y establezca la información general para el contacto, como nombre, dirección, teléfono, etc.

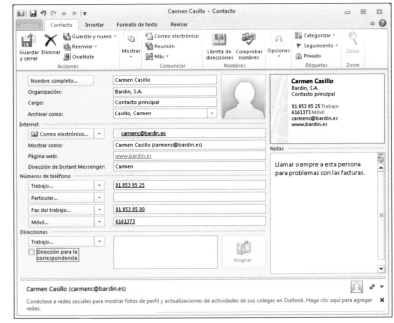

Puede utilizar los comandos ofrecidos por los distintos grupos de la cinta de opciones, entre los que se encuentran los siguientes:

- **Acciones:** Incluye diversos comandos para guardar, cerrar o eliminar el contacto.

  - **Mostrar:** Ofrece distintas vistas para mostrar el contacto así como comandos para crear actividades o certificados del contacto.

  - **Comunicar:** Incluye opciones de correo electrónico, reuniones, etc.

  - **Nombres:** Desde este grupo puede agregar el contacto a la libreta de direcciones o comprobar su nombre.

  - **Opciones:** A partir de los comandos de este grupo podrá configurar una tarjeta de presentación o incluir una imagen para el contacto.

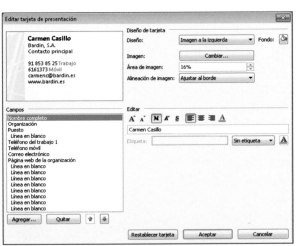

Abrir, modificar y eliminar contactos

Para abrir un contacto:

1. Seleccione una de las listas de contactos en el panel de navegación.

2. Haga doble clic sobre uno de los contactos de su lista y modifique sus datos como desee.

3. Haga clic en el botón **Guardar y cerrar** cuando haya terminado.

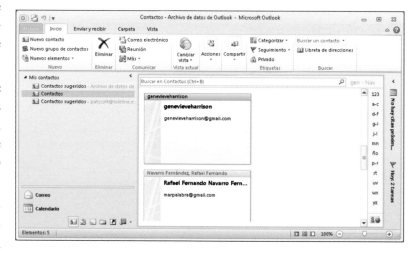

Para eliminar un contacto:

1. Seleccione la lista de contactos donde se encuentra el contacto que desee eliminar.

2. Haga clic con el botón derecho del ratón sobre el contacto y seleccione Eliminar.

Para cambiar la vista de los contactos:

* Seleccione la lista de contactos cuya vista desee cambiar y seleccione una de las opciones de la lista desplegable de **Cambiar vista** dentro del grupo Vista actual en la ficha Inicio.

Truco: Para eliminar un contacto rápidamente, selecciónelo y pulse la tecla **Supr.**

Asignar tareas

Para crear una nueva tarea en el día actual:

1. Haga clic en la opción **Tareas** en el panel de navegación.

2. En el panel central, haga clic en el cuadro de texto Escriba una nueva tarea y pulse **Intro**.

3. La tarea se incorporará en el panel central dentro de las tareas pendientes debajo del indicador Hoy.

Para modificar una tarea:

1. Haga doble clic sobre la tarea en el panel central.

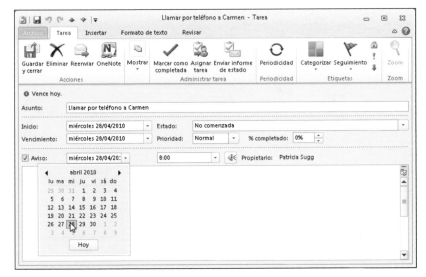

2. En el cuadro de diálogo Tarea, establezca las opciones deseadas con ayuda de los cuadros y listas desplegables disponibles.

3. Haga clic en el botón **Guardar y cerrar**.

 Nota: Para abrir directamente el cuadro de diálogo Tarea, haga clic en el botón 📋 Nueva tarea en la ficha Inicio dentro del grupo Nuevo.

Trabajar con el diario

El Diario realiza un seguimiento automático de tareas. Para abrir y ver el diario:

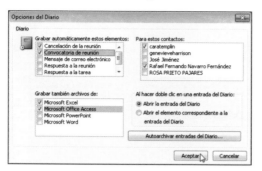

1. Haga clic en el botón **Diario** () que se encuentra en la parte inferior del panel de navegación.

2. Confirme la acción en el cuadro de advertencia que se abre haciendo clic en **Sí**.

3. Seleccione las opciones deseadas en el cuadro de diálogo Opciones del Diario y haga clic en **Aceptar**.

Para añadir una entrada en el diario:

1. Haga clic en el botón **Diario** () en el panel de navegación.

2. Haga clic en el botón **Entrada del Diario** en el grupo Nuevo de la ficha Inicio.

3. Escriba los datos necesarios y seleccione las opciones deseadas dentro del cuadro de diálogo Entrada del Diario y haga clic en **Guardar y cerrar**.

Para modificar la vista del diario:

- Dentro de la vista del diario, haga clic en una de las opciones recogidas en el grupo Vista actual dentro de la ficha Inicio.

Nota: La página Actividades de un contacto también realiza un seguimiento de los mensajes de correo electrónico por lo que quizá no sea necesario que active el Diario.

Crear y administrar notas

Las notas son pequeñas etiquetas que pueden mantenerse abiertas como recordatorio de algo. Para crear una nota:

1. Haga clic en el botón **Notas** (□) en el panel de navegación.

2. Haga clic en el botón **Escriba una nota aquí** en el panel central de las notas.

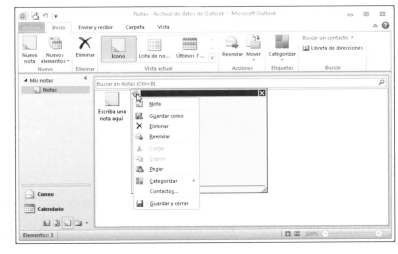

3. Escriba la nota deseada y haga clic en el icono de la esquina superior izquierda de la misma para seleccione Guardar y cerrar.

4. La nota permanecerá abierta encima de cualquier aplicación hasta que la cierre.

Para abrir o eliminar una nota:

1. Hacer clic en el icono **Notas** (□) en el panel de exploración.

2. En el panel central, haga doble clic sobre la nota que desee abrir o pulse **Supr** sobre la nota que desee eliminar.

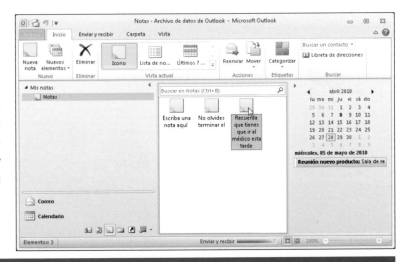

Truco: Para ampliar o reducir el tamaño de la nota utilice su controlador de tamaño en la esquina inferior izquierda de la misma.

Capítulo 6
Microsoft
PowerPoint 2010

Elementos de la ventana

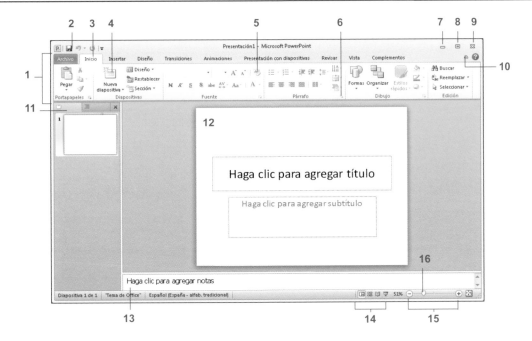

1. Cinta de opciones
2. Barra de herramientas de acceso rápido
3. Ficha
4. Grupo
5. Comando
6. Iniciador de cuadro de diálogo
7. Botón Minimizar
8. Botón Maximizar/Minimizar tamaño
9. Botón Cerrar
10. Botón Minimizar/Expandir cinta de opciones
11. Fichas Diapositivas y Esquema
12. Área de trabajo
13. Área de notas
14. Botones de vista
15. Botones de Zoom
16. Barra de desplazamiento de Zoom

Crear una buena presentación

Para crear una buena presentación conviene guardar cierto orden en su proceso de elaboración:

● Defina con claridad los objetivos de la presentación y cree una estructura básica.

● Dote de contenido a la estructura creada y añada nuevas diapositivas según las necesite.

● Comience a trabajar en el diseño global de la presentación aplicando opciones de diseño y modifique los diseños si fuera necesario.

● Cree las animaciones que considere oportunas en cada diapositiva y establezca el tipo y la forma de llevar a cabo las transiciones entre las mismas.

Vistas

PowerPoint ofrece distintas formas de ver las diapositivas. Desde los botones de vista puede acceder a las siguientes vistas:

Icono	Descripción
▤	**Vista Normal:** Muestra la presentación en vista normal.
▦	**Clasificador de diapositivas:** Muestra el conjunto de diapositivas de la presentación.
▤	**Vista de lectura:** Muestra la presentación ajustada a la ventana actual.
▽	**Presentación con diapositivas:** Muestra la presentación tal como se va a visualizar una vez guardada.

Dentro de la ficha Vista, en el grupo Vistas Patrón, podrá utilizar las siguientes vistas:

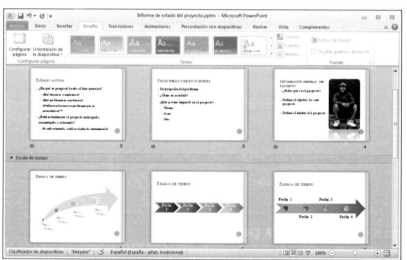

- **Patrón de diapositivas:** Abre la vista del mismo nombre para cambiar el diseño patrón de las diapositivas.

- **Patrón de documentos:** Abre la vista del mismo nombre para cambiar el diseño y presentación de los documentos impresos.

- **Patrón de notas:** Abre la vista del mismo nombre para escribir o cambiar las notas de la presentación.

Utilizar plantillas

Las plantillas se utilizan para crear presentaciones basadas en un diseño. Para utilizar una plantilla:

1. Seleccione Nuevo dentro de la ficha Archivo.
2. Seleccione una de las plantillas proporcionadas en la sección Plantillas y temas disponibles o en la sección Plantillas de Office.com.
3. Dependiendo de la plantilla elegida, haga clic en **Crear** o en **Descargar**.

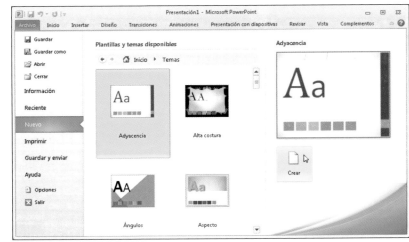

Guardar una presentación como plantilla

Para guardar una presentación como plantilla:

1. Seleccione la ficha Archivo y haga clic en Guardar como.
2. Escriba un nombre para la plantilla en el cuadro de diálogo Guardar como en el cuadro Nombre de archivo y seleccione Plantilla de PowerPoint (*.potx).
3. Haga clic en **Guardar**.

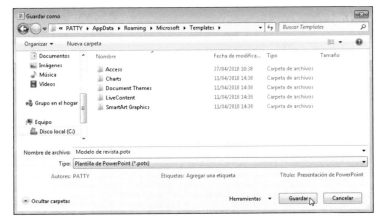

 Truco: Para abrir una nueva presentación en blanco, pulse la combinación de teclas **Control-U**.

Seleccionar, añadir y eliminar diapositivas

Para seleccionar una diapositiva, haga clic sobre el icono o la miniatura en las fichas Esquema o Diapositivas. Utilice los siguientes métodos de selección de diapositivas:

1. Para seleccionar diapositivas consecutivas, mantenga pulsada la tecla **Mayús** mientras hace clic en ellas.
2. Para seleccionar diapositivas no consecutivas, mantenga pulsada la tecla **Control** mientras hace clic en ellas

Añadir y eliminar diapositivas

Para añadir una nueva diapositiva a la presentación:

1. Seleccione la ubicación de la nueva diapositiva en la ficha Diapositivas o Esquema haciendo clic en el lugar deseado.
2. Haga clic en uno de los tipos de diapositiva de la lista desplegable del botón **Nueva diapositiva** en el grupo Diapositivas de la ficha Inicio.

Para eliminar diapositivas:

• Haga clic con el botón derecho del ratón sobre la diapositiva que desee eliminar y seleccione Eliminar diapositiva.

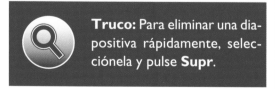

Truco: Para eliminar una diapositiva rápidamente, selecciónela y pulse **Supr**.

Trabajar con texto

Para introducir texto principal en un marcador de posición:

- Haga clic en el marcador de posición de la diapositiva y escriba el texto deseado.

O bien:

- Escriba el texto directamente en la ficha Esquema. Para bajar y subir de nivel utilice, respectivamente, las teclas **Tab** y **Mayús-Tab**.

Para incluir un cuadro de texto en una diapositiva:

1. Haga clic en el botón **Cuadro de texto** del grupo Texto en la ficha Insertar.

2. Haga clic sobre el lugar de la diapositiva donde se situará la primera esquina del cuadro y arrastre el ratón para definir la esquina opuesta de dicho cuadro.

Nota: Para cambiar el tamaño o la posición de un cuadro de texto o de un marcador de posición, basta con utilizar el ratón para arrastrar los bordes o los controladores de tamaño del mismo.

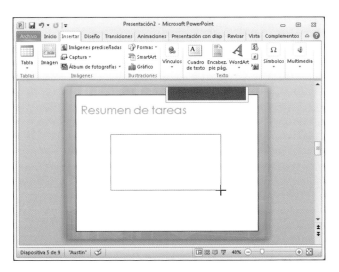

Para escribir texto en un cuadro de texto o en un marcador de posición:

- Haga clic sobre él para seleccionarlo y comience a escribir. Si ya contiene texto, haga clic donde desee situar el punto de inserción.

Aplicar formato al texto

Para aplicar formato al texto:

1. Seleccione el texto o los párrafos a los que desee aplicar un formato.

2. Utilice los comandos de los grupos Fuente y Párrafo de la ficha Inicio.

Para aplicar formatos de fuente más avanzados:

1. Seleccione el texto o los párrafos a los que desee aplicar un formato.

2. Haga clic en el iniciador de cuadro de diálogo del grupo Fuente en la ficha Inicio.

3. Seleccione una de las opciones disponibles haciendo clic sobre ellas.

Para aplicar formatos de párrafo más avanzados, siga los pasos anteriores haciendo clic en el iniciador de cuadro de diálogo del grupo Párrafo dentro de la ficha Inicio.

Truco: La ficha Esquema dentro de la vista Normal permite trabajar con mayor facilidad con el texto principal de las diapositivas. El texto aparece ordenado según su nivel.

Cambiar el diseño global

Para aplicar un diseño global a todas las diapositivas:

- Haga clic en el botón **Más** (⤓) del grupo Temas en la ficha Diseño y seleccione uno de los temas proporcionados.

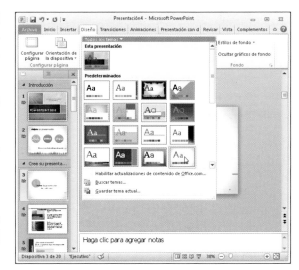

Para escribir texto en un cuadro de texto o en un marcador de posición:

1. Haga clic sobre él para seleccionarlo.

2. Escriba el texto desde el teclado.

3. Si ha seleccionado y copiado texto anteriormente, péguelo desde el Portapapeles.

Aplicar efectos rápidos

Para aplicar un estilo rápido a las formas de una diapositiva:

1. Seleccione un contenedor de forma dentro de la diapositiva haciendo clic sobre él hasta que aparezca su borde.

2. Seleccione la ficha Formato de Herramientas de dibujo, haga clic en el botón **Más** (⤓) del grupo Estilos de forma en la ficha Diseño y seleccione uno de los estilos de forma proporcionados.

Para aplicar otros efectos a las formas de una diapositiva tras su selección, haga clic en las distintas flechas de lista desplegable de los botones incluidos en el grupo Estilos de forma: **Relleno de forma**, **Contorno de forma** y **Efectos de forma**.

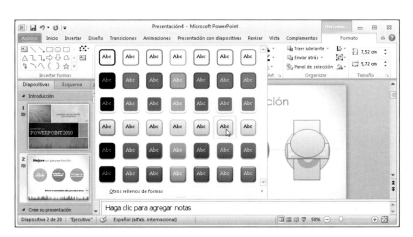

Insertar objetos

Para insertar objetos en PowerPoint:

1. Agregue una diapositiva que incluya un marcador de posición de objetos, como Título y objetos desde el botón **Nueva diapositiva** en el grupo Diapositivas de la ficha Inicio.

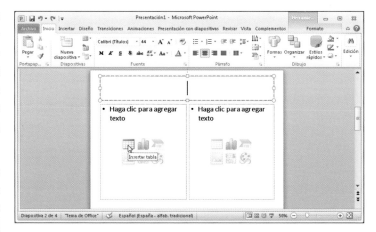

2. Haga clic en alguno de los botones contenidos en el área del objeto dentro de la diapositiva, según el tipo de objeto que desee incluir (al situar el ratón sobre los distintos objetos, verá una descripción del mismo).

O bien:

1. Agregue una nueva diapositiva en blanco.

2. Haga clic en alguno de los siguientes botones de los grupos Ilustraciones y Texto de la ficha Insertar:

- **Formas:** Inserta formas diseñadas, como rectángulos, flechas o líneas.
- **SmartArt:** Inserta un elemento gráfico para comunicar información de forma visual.
- **Gráfico:** Inserta un gráfico que ilustra y compara datos.

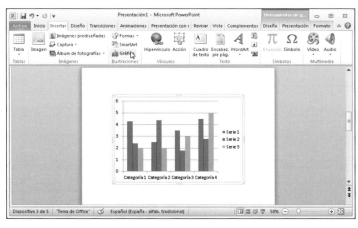

- **Cuadro de texto:** Inserta un cuadro de texto en el documento o agrega texto a una forma.
- **Encabezado y pie de página**: Inserta un encabezado o un pie de página al documento.
- **WordArt:** Inserta texto decorativo en el documento.

Trabajar con objetos

Una vez incluidos los distintos objetos que componen una diapositiva, PowerPoint ofrece una serie de herramientas para ordenarlos y distribuirlos.

La ficha Inicio incluye el grupo Dibujo y, concretamente, el botón **Organizar,** que presenta las siguientes opciones para trabajar con objetos:

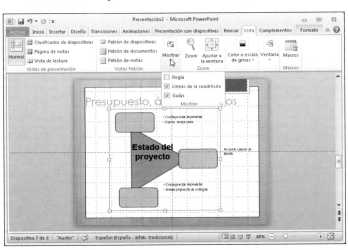

- **Agrupar, Desagrupar** y **Reagrupar:** Con estas opciones puede crear y deshacer grupos de objetos.
- **Ordenar:** Permite determinar la posición relativa del objeto seleccionado, situándolo al frente, al fondo, delante o detrás.
- **Alinear:** Con los submenús de esta opción podrá alinear y distribuir uniformemente los objetos seleccionados.
- **Panel de selección:** Abre un panel de tareas que le ayudará a seleccionar objetos individuales y a cambiar su orden y visibilidad.

Para mostrar u ocultar una regla que facilite la colocación de los objetos:

1. Seleccione la ficha Vista y, dentro del grupo Mostrar, seleccione o anule la selección de la casilla de verificación Líneas de cuadrícula.

Nota: También puede mostrar u ocultar la regla y las guías seleccionando o anulando la selección de las casillas de verificación Regla y Guías respectivamente.

Insertar vídeo

PowerPoint permite insertar un archivo de vídeo en una diapositiva:

1. Seleccione la diapositiva donde desee insertar el archivo de vídeo.

2. Haga clic en la flecha desplegable del botón **Vídeo** dentro del grupo Multimedia en la ficha Insertar.

3. Seleccione la opción Vídeo de archivo.

4. Busque y seleccione el archivo de vídeo que desee insertar en el cuadro de diálogo Insertar vídeo y haga clic en **Insertar**.

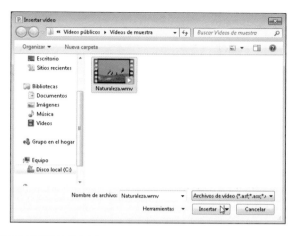

Para reproducir el archivo de vídeo insertado en una diapositiva:

1. Haga clic sobre el contenedor de vídeo en la diapositiva.

2. Haga clic en el botón **Reproducir** dentro del grupo Vista previa de la ficha Formato o de la ficha Reproducción dentro de Herramientas de vídeo.

Si el vídeo es demasiado largo, puede utilizar la ficha Editar dentro de las Herramientas de vídeo en la ficha Reproducción:

- Haga clic en el botón **Recortar vídeo** y utilice los controles proporcionados por el cuadro de diálogo Recortar vídeo. Haga clic en **Aceptar** cuando haya terminado.

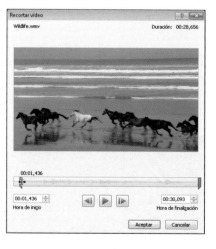

Insertar audio

Para insertar un archivo de audio en una diapositiva de PowerPoint:

1. Seleccione la diapositiva donde desee insertar el archivo de audio.

2. Haga clic en la flecha desplegable del botón **Audio** dentro del grupo Multimedia en la ficha Insertar.

3. Seleccione la opción Audio de archivo.

4. Busque y seleccione el archivo de audio que desee insertar en el cuadro de diálogo Insertar audio y haga clic en **Insertar**.

Para reproducir el archivo de audio insertado en una diapositiva:

1. Haga clic sobre el contenedor de audio en la diapositiva.

2. Haga clic en el botón **Reproducir** dentro del grupo Vista previa de la ficha Reproducción de las Herramientas de audio o en el botón **Reproducir** () dentro del propio contenedor.

Para recortar el audio, haga clic en el botón **Recortar audio** de ficha Editar dentro de las Herramientas de audio en la ficha Reproducción y utilice los controles proporcionados por el cuadro de diálogo Recortar audio. Haga clic en **Aceptar** cuando haya terminado.

Nota: Los archivos de audio que se pueden reproducir en PowerPoint son .aiff (Audio Interchange File Format), .au (Audio UNIX) .mid o .midi (Interfaz digital de instrumentos musicales), .mp3 (MPEG Audio Layer 3), .wav (Forma de onda) y .wma (Windows Media Audio).

Animación de objetos y texto

Para resaltar el efecto de una presentación en pantalla, PowerPoint puede dotar de animación a los objetos y al texto. Para aplicar una combinación de animaciones preestablecidas:

1. Seleccione los objetos o texto a los que desee aplicar la combinación de animaciones.

2. Seleccione la ficha Animaciones.

3. Seleccione alguna de las combinaciones que se muestran en el grupo Animación o en el grupo Animación avanzada.

 Nota: Para obtener una vista previa de la animación, abra la lista desplegable del botón **Vista previa** en el grupo del mismo nombre dentro de la ficha Animaciones y seleccione Vista previa.

Para aplicar una transición entre la presentación de las diapositivas:

1. Seleccione las diapositivas a las que desee aplicar un efecto de transición.

2. Seleccione la ficha Transiciones y haga clic en alguno de los efectos del grupo Transición a esta diapositiva.

3. Para aplicar más efectos a la transición, seleccione una de las opciones de la lista desplegable del botón **Opciones de efectos**.

4. Si desea aplicar el efecto seleccionado a todas las diapositivas de la presentación, haga clic en **Aplicar a todo**.

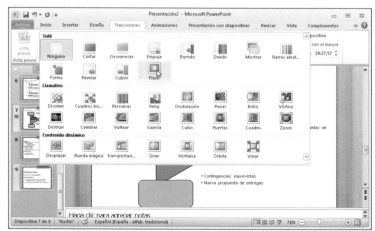

Establecer un fondo

Las plantillas de diseño permiten aplicar una serie de estilos predefinidos a las diapositivas seleccionadas, entre ellos, un fondo. Para establecer un fondo:

1. Seleccione las diapositivas a las que se desea aplicar el fondo.

2. Haga clic en la flecha del botón **Estilos de fondo** del grupo Fondo en la ficha Diseño.

3. Seleccione alguno de los fondos de la galería o haga clic en Formato del fondo para abrir el cuadro de diálogo Dar formato a fondo.

O bien:

- En la misma ficha, dentro del grupo Temas, haga clic en la flecha desplegable del botón **Efectos** y seleccione uno de los efectos de la galería.

Para aplicar un efecto:

1. Seleccione las diapositivas a las que se desee aplicar un efecto de fondo.

2. Haga clic en la flecha desplegable del botón **Efectos** dentro de la ficha Diseño dentro del grupo Temas.

3. Seleccione una de las opciones proporcionadas en la galería de efectos.

Nota: Para abrir el cuadro de diálogo Dar formato a fondo rápidamente, haga clic en el iniciador del cuadro de diálogo del grupo Fondo.

Añadir notas

Para añadir notas explicativas a una diapositiva:

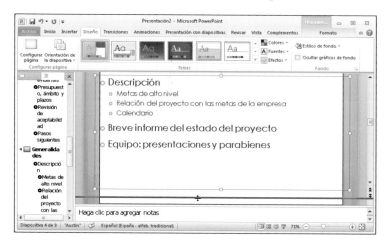

1. En la vista Normal, si no aparece el panel de notas, arrastre hacia arriba la línea situada al pie de la ventana, debajo de la diapositiva.

2. Escriba directamente en este panel el texto de la nota.

3. Para salir del panel, haga clic en la diapositiva.

Para dar formato al texto de la nota o insertar objetos como imágenes o gráficos:

1. Seleccione la ficha Vista y haga clic en el botón **Página de notas** en el grupo Vistas de presentación. Aparecerá un documento compuesto por la diapositiva en la parte superior y las notas en la inferior, dentro de un marcador de posición.

2. Utilice las opciones del grupo Fuente o del grupo Párrafo de la ficha Inicio para aplicar formato al texto de la nota, tal como hemos explicado anteriormente.

3. Utilice las opciones de la ficha Insertar para insertar cualquier objeto en las notas, tal como hemos indicado anteriormente.

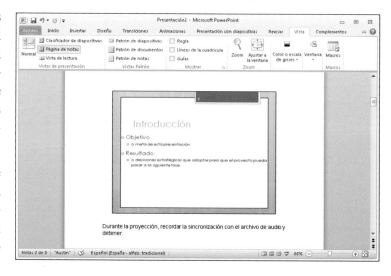

Nota: La vista Patrón de notas permite diseñar un formato aplicable a todas las notas de la presentación.

Encabezados y pies de página

Es posible incluir encabezados y pies de página tanto para las diapositivas como para los documentos destinados a su impresión. Para ello:

1. Seleccione las diapositivas a las que desee incluir un encabezado o pie de página.
2. Seleccione la ficha Insertar y haga clic en el botón **Encabezado y pie de página** en el grupo Texto.
3. Configure las opciones deseadas en la ficha Diapositiva en el cuadro de diálogo Encabezado y pie de página o en la ficha Notas y documentos para distribuir.
4. Haga clic en **Aplicar** para aplicar los cambios a las diapositivas seleccionadas o en **Aplicar a todas** para que los cambios afecten a toda la presentación.

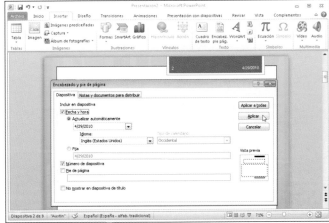

Patrones

PowerPoint incluye tres tipos de patrones:

- **Patrón de diapositivas:** Se trata de una diapositiva cuyos formatos y elementos se utilizarán como modelo en todas las diapositivas basadas en un diseño.
- **Patrón de notas:** Es una página de notas utilizada como modelo. En ella se puede definir el formato y posición de los encabezados y pies, entre otros elementos propios de las páginas de notas.
- **Patrón de documentos:** Este patrón define el diseño de los documentos creados con PowerPoint para la impresión de diapositivas o del esquema.

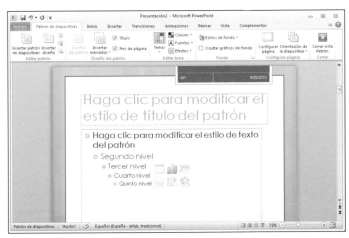

Presentación en pantalla

Una vez creadas todas las diapositivas y definidas las transiciones entre ellas, puede proceder a ejecutar la presentación en pantalla.

1. Seleccione la ficha Presentación con diapositivas.

2. Haga clic en uno de los botones del grupo Iniciar presentación con diapositivas:

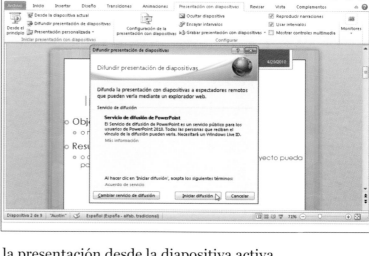

- **Desde el principio:** Se inicia la presentación desde la primera diapositiva.
- **Desde la diapositiva actual:** Abre la presentación desde la diapositiva activa.
- **Presentación personalizada:** Crea o reduce una presentación personalizada. Sólo se muestran las diapositivas seleccionadas.
- **Difundir presentación de diapositivas:** Difunde la presentación con diapositivas a espectadores remotos que la pueden ver en un explorador Web.

La presentación ocupa toda la pantalla. Durante la misma, puede cambiar de diapositiva utilizando varios métodos:

- Esperar el cambio automático (en el caso de haber configurado intervalos de transición).

- Hacer clic con el ratón o utilizar el teclado (teclas del cursor, **Intro** o las teclas **RePág** y **AvPág**).

- Utilizar el menú contextual.

- Utilizar los botones que se muestran en la esquina inferior izquierda al situar el ratón sobre ellos.

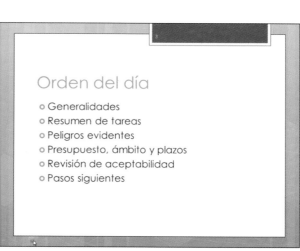

Para terminar la presentación pulse **Esc**.

Crear un álbum de fotografías

PowerPoint incluye una función para crear una presentación a partir de un álbum de fotos.

1. Seleccione la ficha Insertar y haga clic en la flecha del botón **Álbum de fotografías** en el grupo Imágenes.

2. Seleccione Nuevo álbum de fotografías. Aparecerá el cuadro de diálogo Álbum de fotografías.

3. Para agregar imágenes guardadas en archivo, haga clic en el botón **Archivo o disco**, seleccione las imágenes que desea incluir y haga clic en **Insertar**.

4. Para insertar un cuadro de texto en el que poder escribir el comentario de una fotografía del álbum, haga clic en **Nuevo cuadro de texto**.

5. Las imágenes y cuadros de texto insertados aparecen en la lista Imágenes del álbum. Utilice los botones situados bajo esta lista para cambiar la posición de las imágenes dentro del álbum y el botón **Quitar** para eliminar una imagen.

6. En la sección Diseño del álbum, seleccione el número de imágenes por diapositiva. Indique también una forma para el marco de cada foto y una plantilla de diseño.

7. Haga clic en **Crear**.

Una vez creado el álbum, introduzca texto en los títulos de diapositiva o en los cuadros de texto como en cualquier otra presentación de PowerPoint y aplique los formatos deseados.

Capítulo 7
Microsoft
Publisher 2010

Elementos de la ventana

Al abrir la aplicación, Publisher abre directamente una publicación en blanco sobre la que puede empezar insertar objetos.

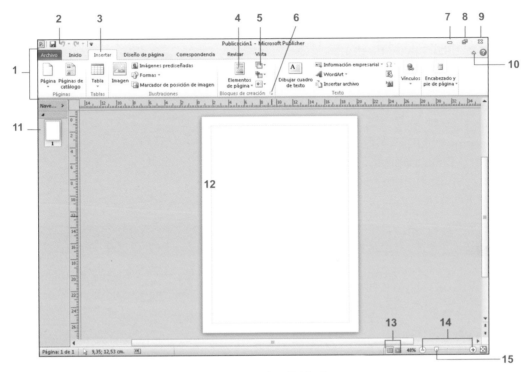

1. Cinta de opciones
2. Barra de herramientas de acceso rápido
3. Ficha
4. Grupo
5. Comando
6. Iniciador de cuadro de diálogo
7. Botón Minimizar
8. Botón Maximizar/Minimizar tamaño
9. Botón Cerrar
10. Botón Minimizar/Expandir cinta de opciones
11. Panel Navegación de páginas
12. Área de trabajo
13. Botones de vista
14. Botones de Zoom
15. Barra de desplazamiento de Zoom

Publisher es el programa que incorpora Microsoft Office 2010 para:

* Abrir publicaciones creadas en versiones anteriores del programa.
* Imprimir rápida y fácilmente documentos simples o complejos.
* Escribir publicaciones eficaces o personalizar una propia.
* Guardar sus publicaciones en formato PDF y enviarlas por correo electrónico.

Nota: En esta nueva versión del programa se incluye la cinta de opciones del resto de aplicaciones de Office, desde donde podrá seleccionar los comandos deseados haciendo clic sobre ellos en los distintos grupos.

Crear una publicación en blanco

Para crear una publicación en blanco:

- Seleccione una de las publicaciones en blanco, horizontal o vertical, haciendo doble clic sobre ella en la opción Nuevo de la ficha Archivo.

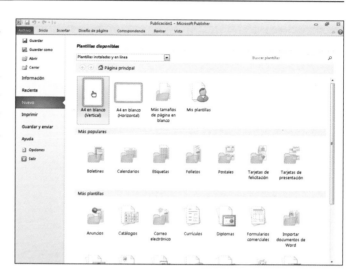

Para insertar objetos utilice los grupos de la ficha Insertar. Entre los objetos más comunes se encuentran los siguientes:

Comando	Grupo	Utilícelo para
Página	Páginas	Insertar una nueva página en blanco, una página duplicada o abrir el cuadro de diálogo Insertar página.
Páginas de catálogo	Páginas	Insertar una nueva página para iniciar una combinación de catálogos.
Tabla	Tablas	Inserta o dibuja una tabla en el documento.
Imagen	Ilustraciones	Insertar imágenes guardadas en el equipo.
Imágenes prediseñadas	Ilustraciones	Insertar imágenes prediseñadas, como dibujos, películas, sonidos o fotografías.
Elementos de página	Bloques de creación	Insertar un objeto de diseño que le puede ayudar a crear la publicación.
Dibujar cuadro de texto	Texto	Insertar un cuadro de texto en el documento o en la forma seleccionada.
WordArt	Texto	Insertar texto decorativo en el documento.
Insertar archivo	Texto	Insertar el texto de un archivo agregándolo al cuadro de texto seleccionado.
Insertar objeto	Texto	Insertar un objeto incrustado.

Crear o cambiar una plantilla

Para crear una plantilla:

1. Cree la publicación que va a utilizar como plantilla.

2. En la ficha Archivo, haga clic en **Guardar como**.

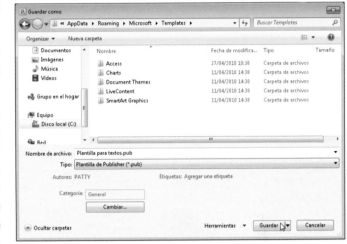

3. En el cuadro Nombre de archivo, escriba un nombre para la plantilla.

4. En el cuadro Tipo, seleccione Plantilla de Publisher (*.pub) de la lista desplegable. Se seleccionará la carpeta predeterminada para las plantillas de Publisher. No modifique esta ubicación si desea que el diseño se encuentre disponible como plantilla en la galería de nuevas publicaciones.

5. Haga clic en **Guardar**.

Para abrir una plantilla guardada:

1. Seleccione Nuevo de la ficha Archivo.

2. Seleccione Mis plantillas en el panel central. Aparecerán todas las plantillas guardadas en la carpeta de plantillas.

3. Haga doble clic en la plantilla que se desee abrir.

Truco: Para abrir la opción Nuevo rápidamente, pulse la combinación de teclas **Alt-A-N**.

Crear una publicación a partir de una plantilla predeterminada

Publisher ofrece diversas plantillas dentro de las diversas secciones de la opción Nuevo. Para crear una publicación desde una plantilla:

1. Seleccione Nuevo en la ficha Archivo.

2. Seleccione una de las plantillas que se encuentran dentro de las distintas carpetas en las secciones Más populares o Más plantillas.

3. El cuadro de vista preliminar a la derecha de la pantalla le ayudará a elegir su plantilla.

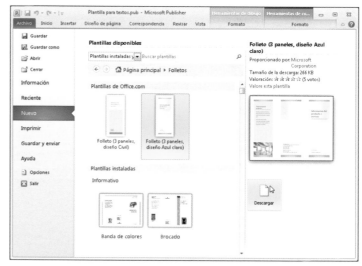

4. Dependiendo de la plantilla elegida, haga clic en **Crear** o en **Descargar** para abrir la plantilla.

Modificar una plantilla predeterminada

Para modificar una plantilla predeterminada:

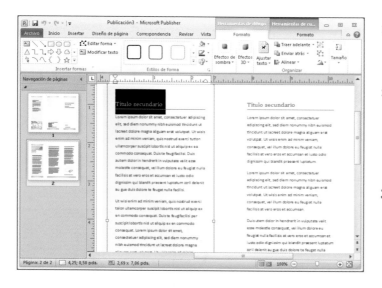

1. Abra la plantilla desde la opción Nuevo de la ficha Archivo.

2. En la ventana del documento, haga clic en los distintos contenedores de objetos y modifique los datos predeterminados.

3. Utilice las opciones de las fichas contextuales Herramientas de dibujo o Herramientas de cuadro de texto para modificar la publicación.

Convertir publicaciones entre distintos modos

Publisher permite crear publicaciones impresas y publicaciones Web. Para crear una versión HTML de la publicación:

1. Seleccione Guardar y enviar de la ficha Archivo.
2. Dentro de Tipos de archivo, haga clic en Publicar HTML.
3. Para establecer opciones avanzadas, haga clic en el vínculo Opciones avanzadas para abrir el cuadro de diálogo Opciones Web.
4. Efectúe las modificaciones necesarias y haga clic en **Aceptar**.
5. Haga clic en **Publicar HTML**.

6. Escriba un nombre para la publicación en el cuadro Nombre de archivo y haga clic en **Guardar**.

Para guardar la publicación en formato PDF o XPS:

1. Seleccione Guardar y enviar de la ficha Archivo.
2. Dentro de Tipos de archivo, haga clic en Crear documento PDF/XPS.
3. Haga clic en el botón **Crear documento PDF o XPS**.
4. Escriba un nombre para el nuevo archivo y haga clic en **Publicar**.

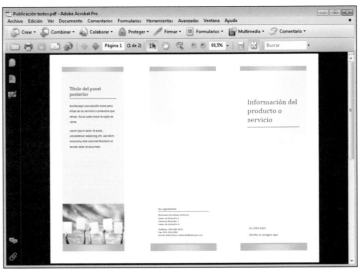

Nota: Para guardar como XPS, seleccione Documento XPS (*.xps) de la lista Tipo en el cuadro de diálogo Publicar como PDF o XPS.

Márgenes

En Publisher existen dos tipos de márgenes: los de página y los del cuadro de texto.

● Para especificar los márgenes de la página, seleccione la ficha Diseño de página y haga clic en la flecha desplegable del botón **Márgenes** dentro del grupo Configurar.

● Para especificar los márgenes del cuadro de texto, seleccione el cuadro y haga clic en la flecha desplegable de **Márgenes**, dentro del grupo Alineación en Herramientas de dibujo para seleccionar una de las opciones predeterminadas.

● Para especificar márgenes personalizados, seleccione la opción Márgenes personalizados desde ambos comandos y ajuste los valores de configuración a su gusto dentro del cuadro de diálogo Formato de cuadro de texto.

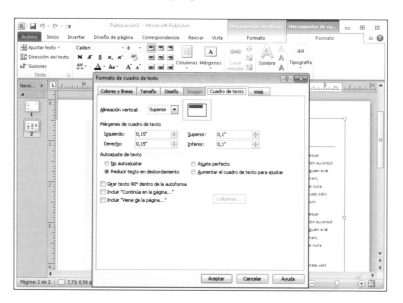

Sangría

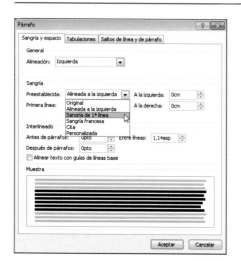

Para establecer la sangría de un texto:

1. Haga clic en el iniciador de cuadro de diálogo del grupo Párrafo dentro de la ficha Inicio.

2. En la ficha Sangría y espacio del cuadro de diálogo Párrafo, configure la sangría como desee utilizando las opciones proporcionadas.

3. Haga clic en **Aceptar** para cerrar el cuadro de diálogo.

Alineación

El grupo Alineación de la ficha Herramientas de cuadro de texto permite seleccionar una alineación para el texto haciendo clic en los distintos botones:

- **Izquierda:** El texto del cuadro se alinea a la izquierda. Utilice los botones **Alinear arriba a la izquierda**, **Alinear en el centro a la izquierda** y **Alinear abajo a la izquierda**.

- **Centrada:** El texto del cuadro aparecerá centrado. Utilice los botones **Alinear arriba en el centro**, **Alinear verticalmente** y **Alinear abajo en el centro**.

- **Derecha:** El texto del cuadro se alinea a la derecha. **Alinear arriba a la derecha**, **Alinear en el centro a la derecha** y **Alinear abajo a la derecha**.

También puede ajustar el texto desde el grupo Texto de la misma ficha haciendo clic en la flecha desplegable de **Ajustar texto** y seleccionando las opciones Ajuste perfecto, Comprimir el texto al desbordarse, Expandir cuadro de texto hasta ajustar o No autoajustar.

Interlineado

La sección Interlineado de la ficha Sangría y espacio del cuadro de diálogo Párrafo también permite establecer la separación entre las líneas o los párrafos del texto:

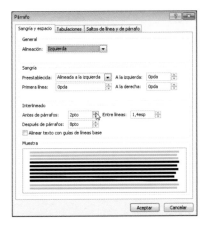

- **Antes de párrafos:** Establece el espaciado previo a los párrafos.

- **Después de párrafos:** Establece el espaciado tras los párrafos.

- **Entre líneas:** Establece el espaciado entre líneas.

Vistas de la publicación

Las vistas del documento de Publisher se encuentran dentro del grupo Diseño de la ficha Vista así como en los botones de vistas de la barra de tareas.

- **Una página:** Permite ver cada página de la publicación por separado.
- **Ver dos páginas:** Muestra las páginas impares de la publicación al mismo tiempo.

Asimismo, dentro de la misma ficha en el grupo Mostrar encontrará diversos comandos para mostrar determinados elementos:

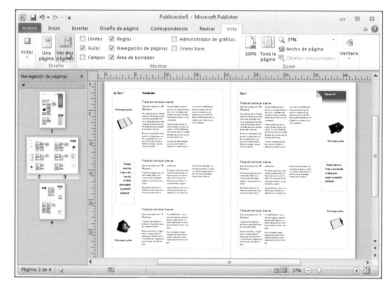

- **Límites:** Muestra los límites de las formas, cuadros de texto e imágenes.
- **Guías:** Muestra las guías de dibujo ajustables que le ayudan a alinear objetos en la diapositiva.
- **Campos:** Muestra los elementos de la publicación que sean campos.
- **Reglas:** Muestra las reglas para medir y alinear objetos en el documento.
- **Navegación de páginas:** Muestra el panel Navegación de páginas a la izquierda de la publicación.
- **Área del borrador:** Muestra objetos o partes de éstos que se encuentran fuera de los límites de la página.
- **Administrador de gráficos:** Muestra el panel Administrador de gráficos para ayudarle a revisar y gestionar las imágenes de la presentación.
- **Líneas base:** Muestra las líneas base utilizadas para alinear objetos a las líneas base del texto.

Truco: Para expandir o contraer el panel Navegación de páginas, haga clic en la flecha que se encuentra en su esquina superior derecha.

Información empresarial

La opción Información empresarial es el conjunto de información de la empresa que se está utilizando. Para insertar campos de la información empresarial en la publicación:

1. En la ficha Insertar, haga clic en la flecha desplegable de **Información empresarial** que se encuentra en el grupo Texto de la mencionada ficha.

2. Seleccione uno de los campos proporcionados haciendo clic sobre él para insertarlo en la posición del cursor dentro de la publicación.

3. En el documento se inserta un contenedor con el campo seleccionado y se muestra un botón... Al hacer clic sobre él, podrá seleccionar entre diversas opciones, dependiendo del campo insertado.

Para editar la información empresarial:

1. Haga clic en la flecha desplegable de **Información empresarial** en la ficha Insertar dentro del grupo Texto.

2. Seleccione Editar información empresarial.

3. En el cuadro de diálogo Información empresarial, haga clic en **Modificar**.

4. En el cuadro de diálogo Editar conjunto de información empresarial escriba en los distintos cuadros de texto la nueva información.

5. Haga clic en **Guardar** cuando haya terminado para cerrar el cuadro de diálogo.

Truco: Incluya en la información empresarial el logotipo de su empresa desde el cuadro de diálogo Editar conjunto de información empresarial haciendo clic en el botón **Cambiar**.

Modificar el tamaño de un objeto

Publisher permite ajustar o recortar el tamaño de las imágenes. Para ajustar su tamaño:

1. Seleccione la imagen.
2. En la ficha Formato de Herramientas de imagen, haga clic en clic en las flechas de los cuadros del grupo Tamaño o escriba un nuevo valor.

O bien:

- Arrastre los controladores de tamaño de la imagen.

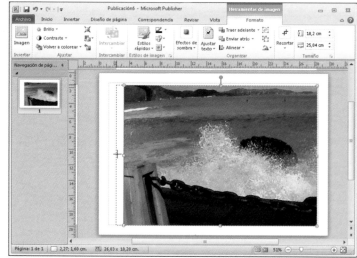

Para recortar la imagen:

1. Seleccione la imagen.
2. En la ficha Formato de Herramientas de imagen, haga clic en el botón **Recortar** del grupo del mismo nombre.
3. Arrastre uno de los controladores de tamaño que se muestran en los bordes de la imagen hasta establecer el tamaño deseado.
4. Vuelva a hacer clic en el botón **Recortar** para efectuar el recorte establecido.

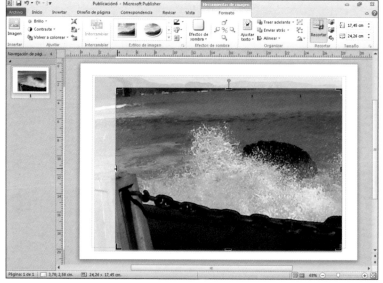

Truco: Para anular el recorte efectuado, haga clic en el botón **Borrar recorte** (⬚) del mismo grupo.

Copiar y pegar objetos y atributos

Las funciones Copiar y Pegar en Publisher funcionan igual que en el resto de programas de Office. Sin embargo, Publisher permite copiar sólo los atributos (formato, color de relleno) de un objeto y no su contenido. Para ello:

1. Haga clic en el objeto cuyos atributos de formato desee copiar.

2. En el grupo Portapapeles de la ficha Inicio, haga clic en el botón **Copiar formato** (). El cursor cambiará de forma. A continuación, haga clic en el objeto al que desee aplicar los atributos copiados.

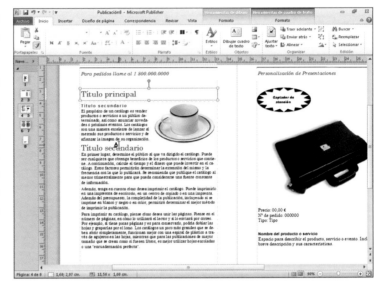

Copiar una página completa

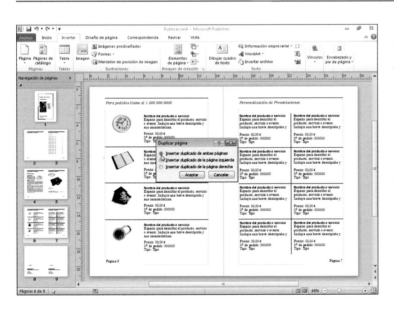

Publisher permite copiar una página completa. Para ello:

1. Seleccione en el panel Navegación de páginas, la página que desea duplicar.

2. Haga clic en la flecha desplegable del botón **Página** en el grupo Páginas de la ficha Insertar y seleccione Insertar página duplicada de la lista de opciones.

Bordes

Para agregar o cambiar un borde:

1. Seleccione el marco del objeto al que desee agregar un borde o cuyo borde desee cambiar.
2. Haga clic en la lista desplegable del grupo Estilos de forma dentro de la ficha contextual Herramientas de dibujo.
3. Seleccione un estilo predeterminado desde la galería de estilos haciendo clic sobre él.

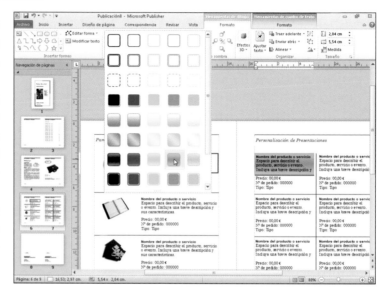

Utilizar el área de borrador

El área de borrador es el área de color gris situada alrededor de las páginas de nuestra publicación. En esta área pueden ubicarse objetos que no se desean incluir en ninguna página en la actualidad, pero que pueden resultarnos de utilidad con posterioridad. Si se coloca un objeto en el área de borrador, se puede ver y tener acceso al mismo desde otra página de la publicación. Por esta razón, el área de borrador permite almacenar objetos que no se desean eliminar pero que no se utilizarán inmediatamente.

Para colocar un objeto en el área de borrador, basta con seleccionarlo en la página de la publicación en la que se trabaje y arrastrarlo hasta la ubicación que se desee.

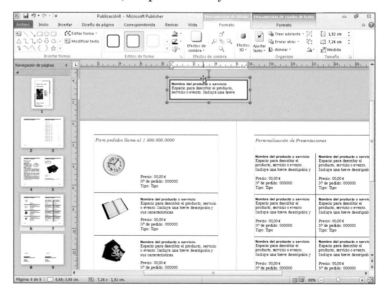

Realizar una comprobación de diseño

El Comprobador de diseño revisa e identifica diversos problemas de diseño y presentación en la publicación.

- Para abrirlo, haga clic en **Ejecutar el Comprobador de diseño** dentro del menú Información de la ficha Archivo.

- Para especificar los tipos de problemas que debe buscar este comprobador, haga clic en el enlace Opciones de comprobador de diseño que se encuentra en la parte inferior del panel de tareas para abrir el cuadro de diálogo del mismo nombre.

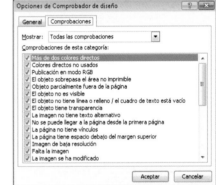

- El panel de tareas Comprobador de diseño tiene las siguientes características:

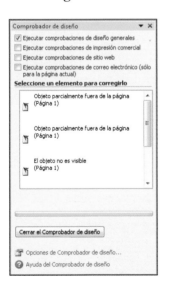

- Al abrir el panel, la lista se actualiza automáticamente.

- Las opciones Ejecutar comprobaciones de [Nombre de la opción] revisan problemas de diseño, problemas que pudieran surgir en la impresión comercial de la publicación o problemas que pudieran surgir en la publicación Web.

- La sección Seleccione un elemento para corregirlo muestra los problemas encontrados.

- Para cerrar el panel y detener la comprobación, haga clic en **Cerrar el comprobador de diseño**.

Imprimir una publicación

Existen diversas opciones de impresión de una publicación. Para imprimir en una impresora de escritorio:

1. Seleccione la opción Imprimir de la ficha Archivo.

2. Especifique las copias que desea imprimir en el cuadro Copias de trabajo de impresión.

3. Especifique páginas específicas utilizando el cuadro Páginas de la sección Configuración.

4. Seleccione el número de copias desde Copias de cada página.

5. Especifique el resto de opciones deseadas y haga clic en **Imprimir** para imprimir la publicación en la impresora predeterminada.

Para una impresión comercial:

1. Seleccione Información en la ficha Archivo.

2. Haga clic en la lista desplegable del botón **Configuración de impresión comercial** y seleccione una de las opciones proporcionadas.

Truco: Para imprimir en un producto de un determinado fabricante, por ejemplo una hoja de etiquetas, imprima primero en una hoja de papel en blanco para comprobar si la publicación se ha alineado correctamente.

Enviar publicación mediante correo electrónico

Para enviar la publicación actual por correo electrónico:

1. Seleccione la opción Guardar y enviar de la ficha Archivo y haga clic en **Enviar mediante correo electrónico** dentro de la sección Guardar y enviar.

2. Haga clic en **Enviar la página** actual dentro de la sección Enviar mediante correo electrónico.

3. Seleccione la página que desee enviar desde el panel Navegación

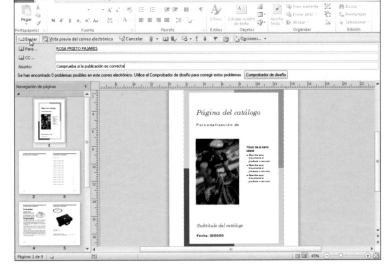

de páginas, escriba los datos solicitados en la parte superior de la pantalla y haga clic en **Enviar**.

Para obtener una vista previa del mensaje de correo electrónico antes de su envío:

1. Seleccione la opción Guardar y enviar de la ficha Archivo y haga clic en **Enviar mediante correo electrónico** dentro de la sección Guardar y enviar.

2. En la parte superior de la pantalla, haga clic en el botón **Vista previa del correo electrónico**.

3. Se abrirá una vista previa de la página que va a enviar en el explorador Web predeterminado de su equipo.

Dentro de la pantalla de envío de correo electrónico en Publisher, puede realizar los cambios necesarios o comprobar el diseño de la página que va a enviar simplemente haciendo clic en el botón **Comprobador de diseño** para abrir el panel correspondiente.

Capítulo 8
Microsoft
SharePoint
Workspace 2010

Iniciar el programa

Al abrir por primera vez la aplicación, tendrá que crear una nueva cuenta.

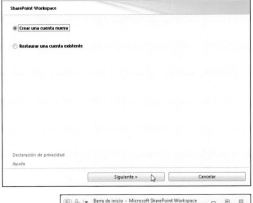

1. Abra el programa desde la opción **Iniciar** de Windows o haciendo clic sobre un acceso directo.

2. Seleccione Crear una cuenta nueva en la primera pantalla del Asistente para configuración de cuenta y haga clic en **Siguiente**.

3. Escriba los datos solicitados en la segunda pantalla del asistente y haga clic en **Finalizar**.

Tras la creación de la cuenta, se abrirá la aplicación en su ventana Barra de inicio.

Características del programa

Microsoft SharePoint Workspace 2010 es un software para establecer conexiones directas con diversas personas y ofrece tres tipos de área de trabajo:

*   **Áreas de trabajo de SharePoint:** Permiten crear una copia de un sitio SharePoint en el equipo, que se sincroniza automáticamente.

*   **Áreas de trabajo de Groove:** Contienen herramientas de productividad que se agregan según sean necesarias.

*   **Carpetas compartidas:** Tipos especiales de áreas de trabajo de Groove que permiten compartir el contenido de una carpeta del sistema de archivos.

Crear un área de trabajo de Groove

Para crear un área de trabajo de Groove en SharePoint, siga estos pasos:

1. Seleccione Área de trabajo de Groove del menú desplegable del botón **Nuevo** dentro del grupo Áreas de trabajo.

2. Escriba un nombre para el área de trabajo, haga clic en **Opciones** y seleccione una versión de la lista desplegable.

3. Haga clic en **Crear**.

Invitar al área de trabajo

Para invitar a otro usuario a un área de trabajo:

1. Escriba el nombre y dirección de correo electrónico del destinatario en el cuadro Invitar al área de trabajo en el panel Miembros que se encuentra en la parte inferior de la ventana.

2. Haga clic en **Más** para ver más opciones de adición y búsqueda de destinatarios en el cuadro de diálogo Agregar destinatarios.

3. Haga clic en **Ir** para abrir el cuadro de diálogo Enviar invitación, agregue texto al mensaje y haga clic en **Invitar** para enviar la invitación

Nota: Seleccione una función para el invitado desde el cuadro de lista desplegable Rol.

Enviar mensajes de miembros

Para enviar un mensaje a otro miembro del área de trabajo:

1. Haga clic en la lista desplegable de Enviar mensaje de miembro del grupo Comunicar en la ficha Área de trabajo.

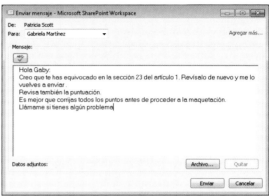

2. Seleccione el destinatario del mensaje desde la lista desplegable Para.

3. Agregue más destinatarios para el mensaje haciendo clic en el vínculo Agregar más.

4. Escriba el mensaje que desea enviar dentro del cuadro de texto proporcionado.

5. Haga clic en **Enviar** cuando haya terminado.

Para enviar archivos adjuntos con el mensaje:

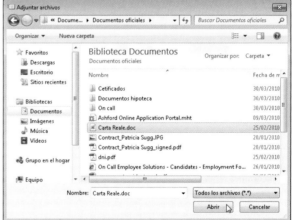

1. Dentro del cuadro de diálogo Enviar mensaje, haga clic en el botón **Archivo**.

2. Seleccione el archivo que desee adjuntar en el cuadro de diálogo Adjuntar archivos y haga clic en **Abrir**.

El archivo se incluye en el cuadro de diálogo para su envío. Si desea eliminar un archivo, selecciónelo y haga clic en **Quitar**.

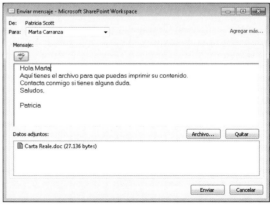

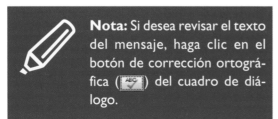

Nota: Si desea revisar el texto del mensaje, haga clic en el botón de corrección ortográfica ( ) del cuadro de diálogo.

Configuración de la conexión

Para pausar la comunicación activa con otras áreas de trabajo o trabajar sin conexión:

1. Seleccione Información dentro de la ficha Archivo.

2. Haga clic en la flecha desplegable del botón **Configuración de la conexión** y seleccione Pausar área de trabajo o Trabajar sin conexión.

3. Para reanudar la comunicación, anule la selección de dichas opciones.

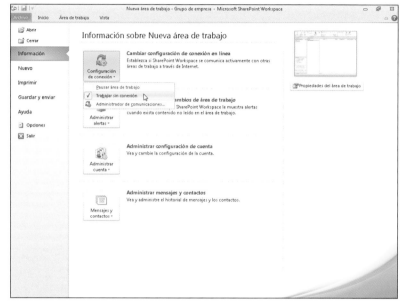

Para administrar las comunicaciones:

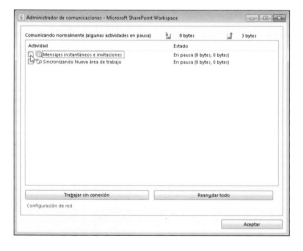

1. Seleccione Información dentro de la ficha Archivo.

2. Haga clic en la flecha desplegable del botón **Configuración de la conexión** y seleccione Administrador de comunicaciones.

3. Seleccione las actividades que desee reanudar haciendo clic sobre ellas.

4. Si desea reanudar todas las actividades simultáneamente, haga clic en el botón **Reanudar todo**.

5. Para pausar todas las actividades, haga clic en el botón **Pausar todo**.

Administrar configuración de cuenta

Para administrar la configuración de la cuenta:

1. Seleccione la opción Información de la ficha Archivo.

2. Haga clic en la flecha desplegable del botón **Administrar cuenta** y seleccione la opción del mismo nombre.

3. Siga las instrucciones del Asistente para configuración de cuenta.

Para habilitar la opción de recuperación de la cuenta:

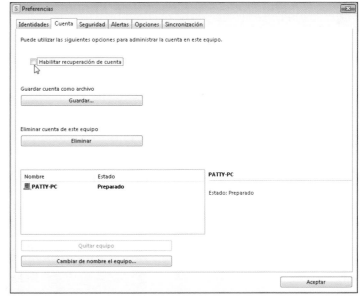

1. Seleccione la opción Información de la ficha Archivo.

2. Haga clic en la flecha desplegable del botón **Administrar cuenta** y seleccione la opción Preferencias de cuenta.

3. Dentro del cuadro de diálogo Preferencias, haga clic en la ficha Cuenta.

4. Seleccione la opción Habilitar recuperación de cuenta.

5. Haga clic en el botón **Aceptar** para activar la recuperación de la cuenta.

Nota: Para guardar la cuenta como un archivo, haga clic en el botón **Guardar**, escriba un nombre de archivo en la ubicación deseada y haga clic en **Guardar**.

Establecer nivel de alertas y cambios de roles y permisos

Para establecer el nivel de alertas de contenido no leído:

1. Seleccione la opción Información en la ficha Archivo.

2. Haga clic en el botón de lista desplegable **Administrar alertas** y seleccione la opción Establecer alertas.

3. En el cuadro de diálogo de propiedades, dentro de la ficha Alertas, arrastre la barra deslizante hasta el nivel deseado, haga clic en el cuadro de lista desplegable inferior y seleccione un sonido para la alerta.

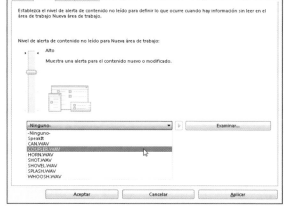

4. Haga clic en **Aplicar** y posteriormente en **Aceptar** para cerrar el cuadro de diálogo.

Para cambiar los roles:

1. Seleccione la opción Información en la ficha Archivo.

2. Haga clic en el botón de lista desplegable **Administrar alertas** y seleccione la opción Establecer alertas.

3. En el cuadro de diálogo de propiedades, dentro de la ficha Roles, seleccione a un miembro cuyo rol desee cambiar y haga clic en **Cambiar rol**.

4. Establezca el nuevo rol dentro del cuadro de diálogo Cambiar rol y haga clic en **Aceptar**. Vuelva a hacer clic en **Aceptar** para cerrar el cuadro de diálogo de propiedades.

Para cambiar los permisos de los miembros del área:

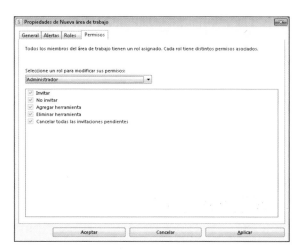

- Siga los pasos anteriores, pero seleccionado la ficha Permisos donde podrá modificar los permisos a los roles establecidos.

Agregar documentos y carpetas

Para agregar un documento o una carpeta al área de trabajo:

1. Seleccione la ficha Inicio.
2. Seleccione una de las opciones recogidas en el grupo Nuevo:

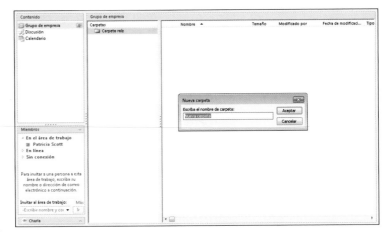

- **Nuevo documento:** La lista desplegable de este botón le permite agregar nuevos documentos al área de trabajo.
- **Agregar documentos:** Con este comando podrá añadir un documento existente al área de trabajo.
- **Nueva carpeta:** Al hacer clic en este botón se abrirá el cuadro de diálogo que le permite agregar una nueva carpeta al área de trabajo.

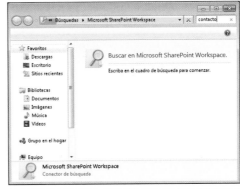

Buscar elementos

Para buscar elementos en el área de trabajo:

1. Haga clic en el botón **Búsqueda** del grupo Ir a en la ficha Inicio.

2. Escriba los datos buscados en el cuadro de búsqueda y pulse **Intro**.

Para guardar como plantilla el área de trabajo:

- Seleccione la ficha Área de trabajo y haga clic en la opción **Guardar como plantilla** del grupo Herramientas. Establezca un nombre para la plantilla y haga clic en **Guardar** para cerrar el cuadro de diálogo Guardar como.

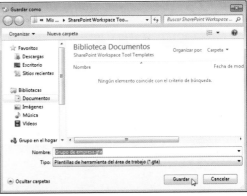

Capítulo 9
Otras aplicaciones de Microsoft Office 2010

Ventana de InfoPath

Antes de llegar a la ventana de trabajo de InfoPath, se abre la ficha Archivo, en la que puede seleccionar un documento sobre el que trabajar. Para ello:

1. Haga clic en alguna de las opciones proporcionadas en la ficha Nuevo, como por ejemplo, en Formulario en blanco.

2. Haga clic en el botón **Diseñar formulario** para abrir la ventana del documento.

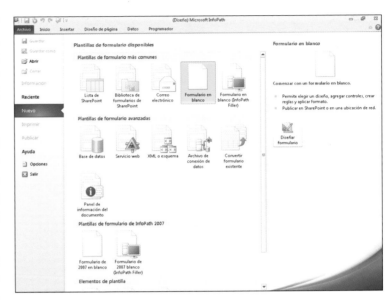

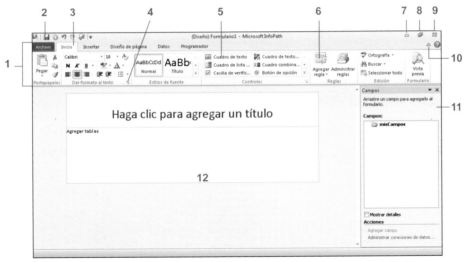

1. Cinta de opciones	7. Botón Minimizar
2. Barra de herramientas de acceso rápido	8. Botón Maximizar/Minimizar tamaño
3. Ficha	9. Botón Cerrar
4. Iniciador de cuadro de diálogo	10. Botón Minimizar/Expandir cinta de opciones
5. Comando	11. Panel Campos
6. Grupo	12. Área de formularios

InfoPath es un programa incluido en Microsoft Office 2010 que permite tanto rellenar formularios como crearlos a partir de atractivos diseños.

Introducir datos en un formulario

Para introducir datos en un formulario:

1. Abra el tipo de formulario que desee completar para empezar a introducir información en él.

2. Haga clic en los distintos campos y escriba los datos deseados.

3. En el formulario en blanco, incluya una tabla haciendo clic en la sección Agregar tablas y seleccionado un modelo de tabla del grupo Tablas en la ficha Insertar.

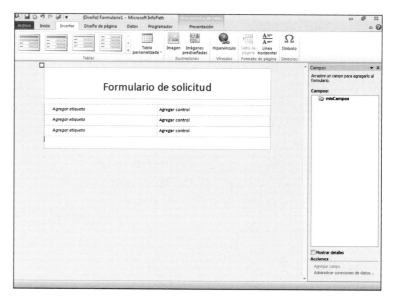

 Truco: Para desplazarse por los distintos campos, también puede pulsar la tecla **Tab**.

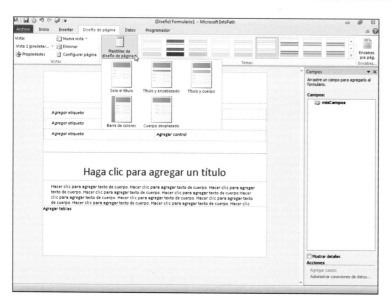

InfoPath también permite modificar el diseño de los formularios ya creados o predefinidos. Para ello:

1. Seleccione la ficha Diseño de página.

2. Seleccione una de las opciones proporcionadas por el botón Plantillas de diseño de página del grupo Diseños de página.

Importar un formulario existente

Para importar un formulario de Word o Excel existente:

1. Seleccione Nuevo de la ficha Archivo y haga clic en **Convertir formulario existente** dentro de la sección Plantillas de formularios avanzadas y haga clic en Diseñar formulario.

2. Seleccione la opción deseada de Excel o de Word y haga clic en **Siguiente** en la primera pantalla del Asistente para importación.

3. En la siguiente pantalla del asistente, haga clic en **Examinar** para abrir el cuadro de diálogo Importar formulario.

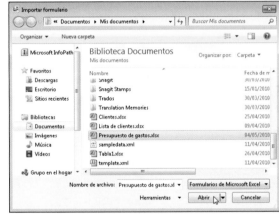

4. Seleccione el formulario que desee importar y haga clic en **Abrir**.

5. En el Asistente para importación, haga clic en **Finalizar**.

6. Haga clic en **Finalizar** en la última pantalla del asistente para abrir el formulario en InfoPath.

Para descargar una plantilla de formulario con la que poder trabajar:

1. Seleccione la opción Ayuda de la ficha Archivo y haga clic en Introducción dentro de la sección Soporte.

2. Seleccione la ficha Plantillas dentro del sitio Web oficial de Office y haga clic en **Descargar**.

Crear reglas

Para aplicar reglas a los campos de un formulario:

1. Abra el formulario sobre el que desee trabajar.

2. Seleccione el campo en el que desee agregar una regla.

3. Abra la lista desplegable de opciones del botón **Agregar regla** en el grupo Reglas dentro de la ficha Inicio.

4. Seleccione una de las opciones presentadas haciendo clic sobre ella.

Para administrar reglas:

1. Haga clic en **Administrar reglas** dentro del grupo Reglas de la ficha Inicio.

2. Se abrirá el panel Reglas en la parte derecha de la ventana.

3. Seleccione la opción que desee modificar haciendo clic sobre ella.

Para copiar, deshabilitar o eliminar una regla, haga clic en la flecha desplegable que puede

ver al colocar el cursor sobre la misma dentro del panel Reglas y seleccione Copiar regla, Deshabilitar o Eliminar respectivamente.

Nota: Para seleccionar un campo, haga clic sobre él en la ventana del formulario o en el panel Controles que se abre en la parte derecha de la pantalla.

Obtener una vista previa del formulario

Durante el proceso de creación o modificación de un formulario, es posible obtener una vista previa para poder apreciar el aspecto general del mismo:

1. Haga clic en **Vista previa** () de la barra de herramientas de acceso rápido.

2. Escriba datos en el formulario para comprobar si ha establecido los campos correctamente.

Para volver a la vista diseño:

1. Haga clic en el botón **Cerrar vista previa** del grupo Vista previa en la ficha Inicio.

Publicar un formulario

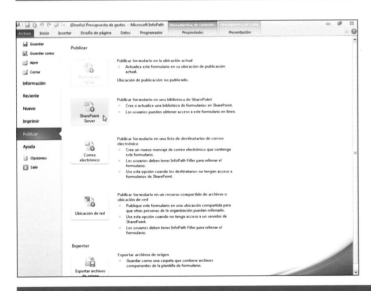

Una vez finalizado el diseño de un formulario, lo normal es publicarlo para que esté a disposición de otros usuarios:

1. Seleccione la opción Publicar de la ficha archivo.

2. Seleccione una de las opciones proporcionadas en la ventana haciendo clic sobre ella.

3. Siga las instrucciones del asistente.

Nota: Haga clic en la opción **Correo electrónico** para enviar el formulario a varios destinatarios simultáneamente.

Características de OneNote 2010

OneNote 2010 permite crear y administrar notas similares a los Post-it adhesivos de color amarillo.

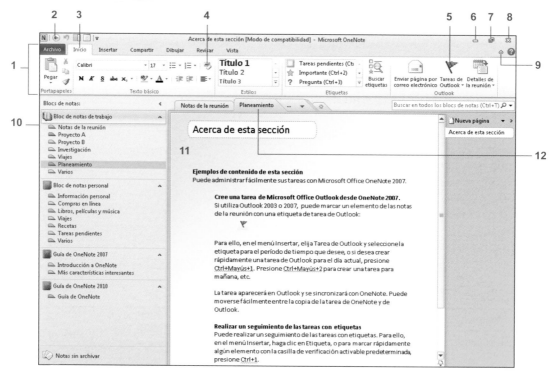

1. Cinta de opciones	7. Botón Maximizar/Minimizar tamaño
2. Barra de herramientas de acceso rápido	8. Botón Cerrar
3. Ficha	9. Botón Minimizar/Expandir cinta de opciones
4. Comando	10. Panel de navegación
5. Grupo	11. Área de trabajo
6. Botón Minimizar	12. Fichas de secciones

- Introduzca las notas utilizando el teclado o un Tablet PC.
- No es necesario guardar el trabajo ya que la información que escriba, siempre quedará escrita.
- Puede grabar comentarios y vincularlos de forma automática a las anotaciones.
- Consulte las distintas fichas de los proyectos presentados en la ventana inicial para familiarizarse con el programa.

Nota: Al cerrar el programa haciendo clic en el botón **Cerrar**, en la barra de tareas de Windows quedará un icono de acceso directo sobre el que sólo tiene que hacer clic para crear notas al margen.

Escribir notas

Para tomar notas con esta aplicación:

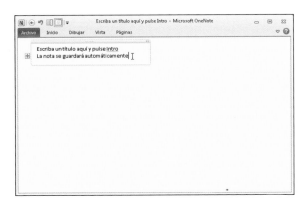

1. Haga clic en el icono del programa en la barra de tareas.
2. Si lo prefiere, haga clic en el botón de expansión de la cinta de opciones.
3. Escriba la nota deseada.
4. Utilice los distintos comandos para realizar diversas tareas, tal como haría en cualquier otra aplicación de Office 2010.

La nota siempre quedará visible encima de cualquier aplicación.

Guardar notas en un bloc

Para administrar las notas escritas y sin archivar:

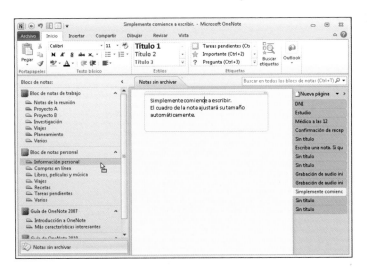

1. Haga clic con el botón derecho del ratón sobre el icono del programa en la barra de tareas y seleccione Abrir OneNote.
2. Haga clic en el botón **Notas sin archivar** en la parte inferior del panel de navegación y seleccione la nota que desea archivar en el panel derecho.
3. Arrastre la nota desde su título hasta el bloc de notas deseado en el panel de navegación.

Truco: Para pegar la nota como texto en cualquier otra aplicación de Office, arrastre la nota a la ubicación deseada.

Agregar audio y vídeo

Para grabar audio o vídeo mientras escribe una nota:

1. Seleccione Iniciar grabación de audio desde el menú contextual del icono de la aplicación en la barra de tareas. La grabación se iniciará automáticamente.

2. Expanda la cinta de opciones y haga clic en el botón **Detener** del grupo Reproducción en la ficha Audio y vídeo para finalizar la grabación.

Para grabar vídeo, detenga la grabación de audio y seleccione **Grabar vídeo**. Siga los mismos pasos que para grabar audio pero tenga en cuenta que necesita configurar una cámara para poder utilizar esta opción.

Reproducir audio y vídeo

1. Haga clic con el botón derecho del ratón sobre el icono del programa en la barra de tareas y seleccione Abrir OneNote y seleccione la carpeta donde haya guardado el archivo de audio o vídeo, o bien haga clic en Notas sin archivar para localizar dichos archivos.

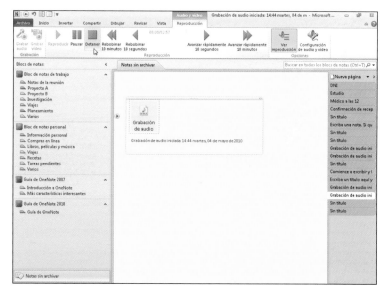

2. Haga doble clic sobre el archivo que desee reproducir.

3. Para detener la reproducción, haga clic en el botón **Detener** del grupo Reproducción dentro de la ficha Audio y vídeo.

Configuración del idioma

Para cambiar la configuración de idioma en las aplicaciones de Office:

1. Seleccione la opción de configuración de idioma de la carpeta de herramientas de Microsoft Office desde el menú de inicio de Windows.

2. En el cuadro de diálogo Preferencias de idioma de Microsoft Office 2010, desde de la sección Elegir idiomas de edición podrá:

    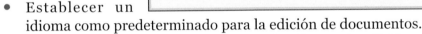

    - Agregar idiomas adicionales para la edición de documentos.
    - Establecer un idioma como predeterminado para la edición de documentos.
    - Quitar un idioma instalado de la lista de idiomas de edición.

3. Desde la sección Elegir idiomas de la Ayuda e interfaz de usuario podrá:

    - Establecer el orden de prioridad de los idiomas para los botones, las fichas y la ayuda.
    - Establecer una de las opciones ofrecidas en estos cuadros como opción predeterminada.

4. Haga clic en **Aceptar** cuando haya efectuado los cambios necesarios.

También puede utilizar la ficha Idioma dentro del cuadro de diálogo Opciones de las principales aplicaciones de Office.

Opciones de traducción de Office

En la ficha Revisar, dentro del grupo Idioma de las principales aplicaciones de Office se incluye la opción **Traducir** que varían según la aplicación.

Opción	Utilícela para
Traducir texto seleccionado	Mostrar en el panel Referencia para elegir un servicio local o en línea para la traducción.
Traducir documento	Mostrar una traducción automática del documento en el explorador Web predeterminado del equipo.
Minitraductor	Activar o desactivar el nuevo minitraductor de Office.

Para utilizar el minitraductor:

1. Señale una palabra en el texto o seleccione una frase.

2. Verá un cuadro transparente con la traducción para dicha palabra o frase.

3. Haga clic sobre dicho cuadro para ejecutar otras acciones.

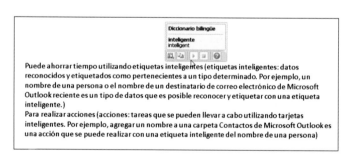

Nota: Para cambiar los idiomas de traducción del minitraductor, seleccione Elegir idioma de traducción de la opción **Traducir** dentro del grupo Idioma en la ficha Revisar.

Centro de carga de Microsoft Office

Desde esta opción puede administrar las cargas de documentos de Microsoft Office:

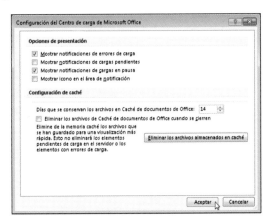

- Para cargar todos los documentos pendientes en el servidor, haga clic en **Cargar todo**.

- Para detener momentáneamente la carga, haga clic en **Pausar cargas**.

- Para ver las cargas pendientes de descargar, haga clic en **Cargas pendientes** y seleccione la opción deseada.

- Para cambiar la vista del cuadro de diálogo, haga clic en el botón **Cambiar vista**.

Para cambiar la configuración del centro de carga:

1. Abra la aplicación y haga clic en el botón Configuración.

2. En el cuadro de diálogo Configuración del Centro de carga de Microsoft Office, seleccione las opciones deseadas desde las siguientes secciones:

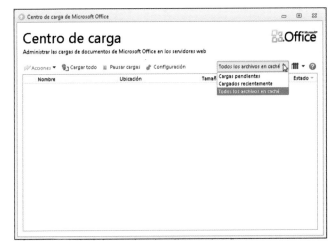

- **Opciones de presentación:** Seleccione una de las opciones para mostrar notificaciones.

- **Configuración de caché:** Seleccione los ajustes de configuración de caché deseados. Por ejemplo, establezca los días que desee que permanezcan los archivos en la caché de documentos haciendo clic en las flechas desplegables proporcionadas. Si desea eliminar de la memoria caché los archivos de Office cuando se cierren seleccione Eliminar los archivos de Caché de documentos.

Nota: Con las opciones del botón **Cambia la vista** podrá cambiar a una vista a Mosaico o a Detalle.

Microsoft Picture Manager

Esta herramienta la permite retocar imágenes y fotografías, aplicar distintos efectos y realizar diversas modificaciones, así como compartirlas.

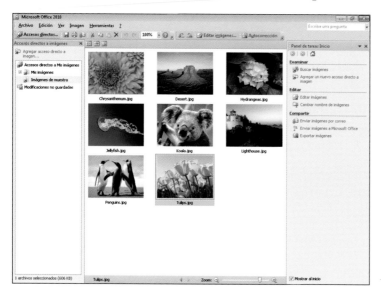

1. Seleccione la aplicación desde la carpeta de herramientas de Microsoft Office 2010.

2. Desde el panel Acceso directo a imágenes seleccione la imagen con la que desee trabajar haciendo doble clic sobre ella.

3. Utilice los distintos menús y fichas proporcionadas para ver o configurar las herramientas de la aplicación.

Para editar la imagen:

1. Seleccione la imagen con la que desee trabajar tal como hemos descrito anteriormente.

2. Abra el panel Editar imágenes seleccionando la ficha del mismo nombre.

3. Utilice las herramientas proporcionadas por este panel para editar la imagen como desee.

Truco: Utilice la barra deslizante del zoom para ampliar la presentación de su imagen.

Galería de imágenes prediseñadas

Utilice esta herramienta para organizar sus imágenes. Para buscar una imagen:

1. Abra la aplicación desde la carpeta de herramientas de Microsoft Office 2010.

2. Haga clic en la ficha Buscar.

3. Dentro del panel Buscar, escriba una palabra de búsqueda en el cuadro del mismo nombre y haga clic en el botón que se encuentra junto a él.

4. Si lo desea, descargue más imágenes desde el sitio Web de Microsoft Office haciendo clic en el vínculo Buscar más en Office.com dentro de la sección Vea también del panel.

Para organizar las imágenes:

1. Seleccione la ficha Lista de colecciones.

2. Seleccione la imagen que desee mover a otra carpeta.

3. Haga clic en la flecha desplegable de la imagen y seleccione Copiar a la colección.

4. Haga clic sobre la colección a la que desee copiar la imagen y haga clic en **Aceptar**.

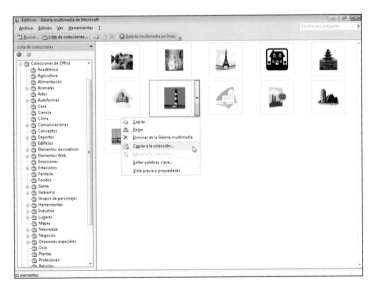

Para eliminar una imagen de la colección, selecciónela y haga clic en **Supr**. Confirme la eliminación en el cuadro de mensaje que se abre.

Capítulo 10. Otras funciones de Microsoft Office 2010

Imágenes e ilustraciones

En las principales aplicaciones de Office puede insertar tanto imágenes como ilustraciones utilizando comandos que varían de una aplicación a otra.

Para insertar imágenes:

1. Seleccione la ficha Insertar.
2. Dentro del grupo Ilustraciones o del grupo Imágenes, haga clic en el botón **Imagen**.
3. En el cuadro de diálogo Insertar imagen, busque la imagen que desee insertar.
4. Haga clic en la flecha del botón **Insertar** y seleccione una de las siguientes opciones disponibles.

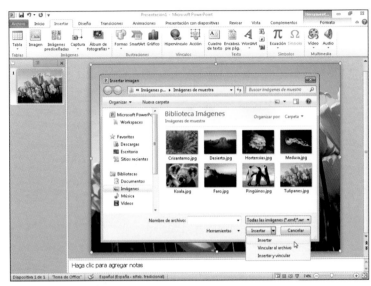

Para insertar ilustraciones

1. Seleccione la ficha Insertar.
2. Dentro del grupo Ilustraciones o del grupo Imágenes, haga clic en el botón **Imagen**.
3. En el cuadro de diálogo Insertar imagen, busque la imagen que desee insertar en el documento.
4. Haga clic en la flecha del botón **Insertar** y seleccione una de las opciones:

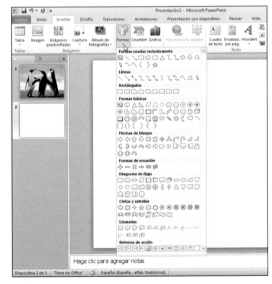

   - **Formas:** Para insertar formas, haga clic en la forma deseada, arrastre el cursor por el documento y suelte el botón del ratón cuando adquiera la forma deseada.
   - **SmartArt:** Seleccione algunos de los gráficos proporcionados y rellene los contenedores tal como indican los textos correspondientes.
   - **Gráfico:** Inerte un gráfico de Excel y modifique los datos para ajustarlos a los suyos propios.

Ortografía y gramática

Dentro de la ficha Revisar de los principales programas de Office, puede corregir la ortografía y gramática de los documentos. Para ello:

1. Haga clic en el botón **Ortografía y gramática** dentro del grupo Revisión de la ficha del mismo nombre.

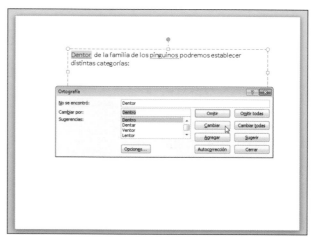

2. Se abrirá un cuadro de diálogo en el momento que el programa reconozca un error ortográfico. En ese momento dispondrá de diversas opciones, entre las que se encuentran las siguientes:

   - **Omitir el error detectado:** Haga clic en el botón **Omitir**. El programa buscará el siguiente error sin tener en cuenta el mostrado.
   - **Omitir todas las instancias del error detectado:** Haga clic en el botón **Omitir todas** para omitir todas las instancias del error en el documento.
   - **Cambiar el error detectado:** Haga clic en el botón **Cambiar** para reemplazar el error por la solución propuesta. También puede buscar en la lista de sugerencias la palabra correcta y hacer clic sobre ella antes de aceptarla haciendo clic en el comando mencionado.
   - **Cambiar todas las instancias del error detectado:** Haga clic en el botón **Cambiar todas** para reemplazar todas las instancias del error detectado en el documento.
   - **Agregar al diccionario personalizado:** Haga clic en el botón **Agregar** para añadir la palabra detectada como error al diccionario personalizado. De este modo, no volverá a aparecer como error en posteriores correcciones ortográficas.
   - **Cambiar las opciones de revisión:** Para cambiar las opciones predeterminadas de la revisión, haga clic en el botón **Opciones**. Se abrirá el cuadro de diálogo Opciones mostrando la ficha Revisión. Efectúe los cambios deseados y haga clic en **Aceptar**.

Nota: El botón **Omitir** cambiará por **Reanudar** si, por algún motivo, abandona la corrección ortográfica. Haga clic en él si desea reanudar dicha corrección.

Autocorrección

Tanto en Word como en otras aplicaciones de Office, podrá definir las opciones de corrección automática. Para ello:

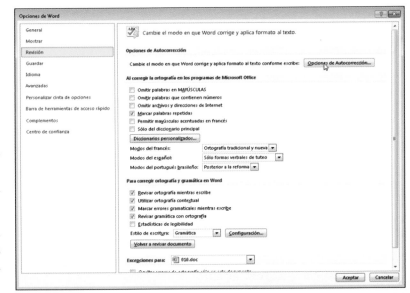

1. Seleccione **Opciones** dentro de la ficha Archivo y seleccione la ficha Revisión.

2. Haga clic en el botón **Opciones de Autocorrección**.

3. Efectúe las selecciones y modificaciones deseadas en las distintas fichas del cuadro.

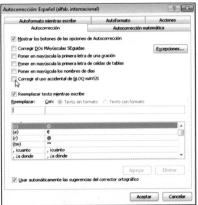

El botón **Revisar documento** se convierte en **Volver a revisar documento** en cuanto se hace clic sobre él la primera vez durante la sesión de Windows. Al hacer clic, aparece un mensaje de aviso de Word en el que se advierte que se volverá a revisar las palabras ya revisadas por el usuario y que éste optó por saltar.

Contar palabras

Para contar palabras dentro de Word:

- Observe la barra de tareas en la parte inferior izquierda para ver las palabras incluidas en el documento. Se incluirán las palabras a medida que las teclee.
- Haga clic en dicha sección para abrir el cuadro de diálogo Contar palabras para ver opciones más avanzadas.

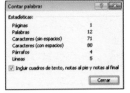

Para contar palabras dentro de Outlook abra un mensaje nuevo y haga clic en el botón **Contar palabras** de la ficha Revisar para abrir el cuadro de diálogo Contar palabras.

Abrir archivos recientes

Para abrir archivos recientes de Office dentro de cualquier aplicación abierta:

1. Seleccione la ficha Archivo.

2. Dependiendo de la aplicación, podrá ver los archivos abiertos anteriormente dentro de la opción Reciente o bien una lista de dichos archivos.

3. Haga clic sobre el nombre del archivo que desee abrir.

Para abrir cualquier archivo dentro de una aplicación de Office abierta:

1. Seleccione la ficha Archivo y haga clic en Abrir para abrir el cuadro de diálogo del mismo nombre.

2. Busque el archivo y selecciónelo.

3. Haga clic en las flechas desplegables de los botones **Herramientas** y **Abrir** para seleccionar una opción. Las listas mostrarán distintas opciones dependiendo de la aplicación.

Nota: El nombre del cuadro de diálogo Abrir puede incluir el nombre del documento, dependiendo de la aplicación.

Búsqueda de archivos

Si desea abrir un archivo pero no recuerda su nombre o dónde lo ha guardado:

1. Abra cualquier ventana de Windows 7.

2. En el cuadro que se encuentra en la esquina superior derecha del explorador, escriba una palabra de búsqueda.

3. Se mostrarán todos los archivos y programas que contengan la palabra buscada, tanto en su título como en su contenido, resaltadas en amarillo.

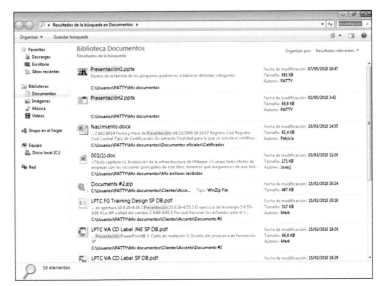

O bien:

- Haga clic en el botón Iniciar de Windows y escriba la palabra de búsqueda en el cuadro Buscar programas y archivos que se encuentra en la parte inferior del menú.

Nota: Para realizar una búsqueda dentro de alguna aplicación de Office, utilice el cuadro de diálogo Abrir y escriba una palabra de búsqueda en el cuadro de búsquedas que se encuentra en su esquina superior derecha.

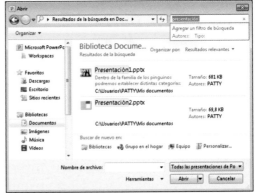

Guardar un documento

En Office se pueden emplear diversos métodos para guardar archivos:

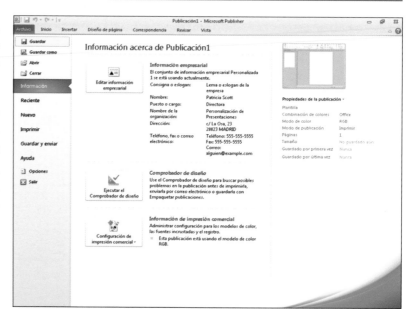

- **Guardar un documento modificado:** Haga clic en **Guardar** de la ficha Archivo. Para guardar el archivo rápidamente.

 Nota: Haga clic en el botón **Guardar** (▣) de la barra de herramientas de acceso rápido para guardar los cambios realizados en un archivo con el mismo nombre.

- **Guardar un documento nuevo o con distinto nombre:** Haga clic en **Guardar como** del menú de la ficha Archivo. En el cuadro de diálogo que se abre, escriba un nuevo nombre en Nombre de archivo.

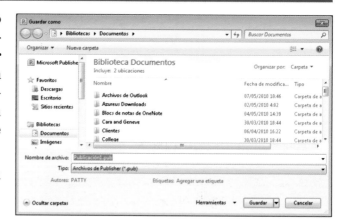

Cuando guarde un archivo, tenga en cuenta lo siguiente:

- No olvide darle un nombre distintivo al nuevo archivo.

- Al guardar, sobrescribirá la versión anterior del archivo.

- Al salir de las aplicaciones Office, el programa le pregunta si desea conservar los últimos cambios (acepte, si no quiere perderlos).

Agregar elementos a la barra de acceso rápido

La barra de acceso rápido, al iniciar cualquier programa de Office, contiene elementos como el icono del programa, el botón **Guardar** y los botones para deshacer y rehacer acciones. Para personalizar esta barra:

1. Haga clic en la flecha desplegable de la barra de herramientas.

2. Para añadir elementos mostrados en el menú desplegable, haga clic sobre ellos.

3. Se mostrará el icono de la acción seleccionada en la barra de herramientas.

Para añadir iconos de acciones que no aparecen en la lista desplegable:

1. Haga clic en la flecha desplegable de la barra de herramientas de acceso rápido.

2. Dentro de la lista de comandos, seleccione el deseado y haga clic en **Agregar**.

3. Haga clic en **Aceptar** para que el icono del comando deseado se muestre en la barra de herramientas.

Para mostrar la barra de herramientas de acceso rápido debajo de la cinta de opciones:

1. Haga clic en la flecha desplegable de la barra de herramientas de acceso rápido.

2. Seleccione Mostrar debajo de la cinta de opciones.

Integración de archivos

Para insertar archivos u objetos entre las distintas aplicaciones de Office:

1. Seleccione el lugar donde desea que aparezca dicho archivo en el documento receptor.
2. En Word, haga clic en la flecha desplegable del botón **Insertar objeto** del grupo Texto dentro de la ficha Insertar y seleccione Insertar texto de archivo.
3. En el cuadro de diálogo Insertar archivo, seleccione el archivo que desee insertar y haga clic en Insertar.
4. Se insertará el texto del archivo seleccionado.

Para insertar texto de Word en otras aplicaciones:

1. Abra el archivo cuyo texto desee copiar.
2. Una vez marcada la sección, pulse **Control-C**.
3. Abra el documento de destino y siga una de estas opciones:
   - Pulse **Control-V** para pegar el texto con el mismo formato original.
   - Haga clic con el botón derecho del ratón dónde desee insertar el texto y seleccione una de las opciones ofrecidas por la galería de pegado.

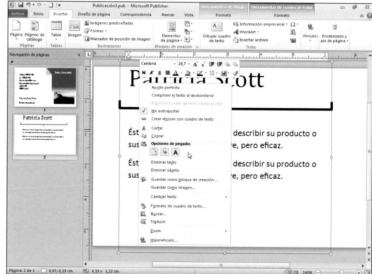

Al insertar el archivo de texto, tenga en cuenta lo siguiente:

- No se crea ningún tipo de relación entre el documento insertado y el documento que lo recibe.

- Los cambios realizados en el documento insertado no van a actualizarse de manera automática en el documento de destino.

Vinculación de archivos y objetos

Al vincular un archivo en un documento de una aplicación Office se crea una relación entre ambos archivos que conlleva que cualquier modificación realizada en el original se refleje automáticamente en el documento vinculado. Para ello:

- En Word, siga los pasos descritos anteriormente, pero en el cuadro de diálogo Insertar archivo, haga clic en la flecha desplegable del botón **Insertar** y seleccione Insertar como vínculo.

En otras aplicaciones, puede utilizar el cuadro de diálogo Insertar objeto para vincular un objeto:

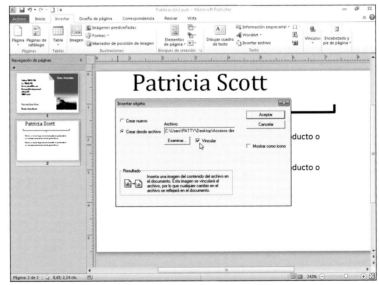

1. Abra la aplicación en la que desee vincular el objeto.
2. Haga clic en el botón Insertar objeto de la ficha Insertar dentro del grupo Texto.
3. Selección la opción Crear desde archivo, busque el archivo que desee vincular haciendo clic en el botón **Examinar** y seleccione Vincular.
4. Haga clic en **Aceptar**.

Nota: Si hace doble clic sobre el objeto vinculado se ejecutará la aplicación con la que se generó. En Word, se seleccionará el texto vinculado al hacer doble clic en cualquier palabra del mismo.

Permisos

Para proteger el documento:

1. Seleccione la opción Información de la ficha Archivo.

2. Haga clic en la flecha desplegable del botón **Permisos** y seleccione una de las opciones proporcionadas:

   - **Marcar como final:** Informa de que el documento es definitivo y lo convierte en un documento de sólo lectura.

   - **Cifrar con contraseña:** Se requiere escribir una contraseña para poder abrir el documento.

   - **Restringir edición:** Controla los tipos de cambios que se pueden efectuar en el documento.

   - **Restringir permisos por personas:** Concede acceso al archivo pero no a las opciones de edición, copia o impresión.

   - **Agregar una firma digital:** Permite agregar una firma digital al documento.

3. Siga los pasos solicitados en cada una de las opciones.

En el caso de la opción Restringir permisos por personas, se abrirá un submenú con las siguientes opciones:

- **Acceso sin restricciones:** Cualquiera puede acceder al documento.
- **Acceso restringido:** Sólo las personas que usted indique podrán acceder al documento.
- **Administrar credenciales:** Administra las credenciales establecidas.

Truco: Recuerde escribir y guardar su contraseña en algún lugar seguro si utiliza la opción de cifrado de contraseña para evitar el no poder entrar en un documento por haberla olvidado.

Comprobar si hay problemas

Es muy probable que haya creado el documento para compartirlo con los demás. Para evitar problemas, es mejor que compruebe si tiene el formato correcto para que todos puedan verlo:

1. Seleccione la opción Información de la ficha Archivo.

2. Haga clic en la flecha desplegable del botón **Comprobar si hay problemas** y seleccione una de las opciones proporcionadas:

- **Inspeccionar documento:** Esta opción comprueba toda la información personal y las propiedades del documento.

- **Comprobar accesibilidad:** Busca propiedades del documento que las personas con discapacidades pudieran tener dificultades en leer.

- **Comprobar compatibilidad:** Comprueba si hay características no compatibles con versiones anteriores del programa.

Nota: A la derecha del botón, podrá ver los posibles problemas detectados por el programa para el documento activo.

3. Proporcione la información solicitada por las correspondientes opciones y solucione los problemas detectados.

Administrar versiones

En Microsoft Word 2010, Microsoft Excel 2010 o Microsoft PowerPoint 2010 puede recuperar un archivo si lo cierra sin guardar o si quiere revisar o volver a una versión anterior del mismo. Para habilitar la opción de Autorrecuperación de archivos:

1. Seleccione la opción Ayuda de la ficha Archivo.

2. Haga clic en Opciones y seleccione la ficha Guardar.

3. Seleccione Guardar información de Autorrecuperación cada x minutos.

4. Especifique la frecuencia para guardar los datos en el campo de los minutos.

5. Haga clic en **Aceptar** para confirmar los cambios.

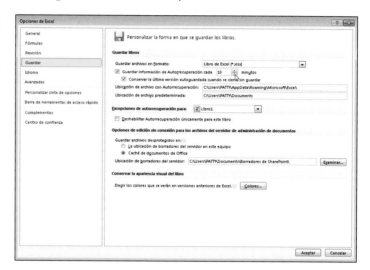

 Nota: En el cuadro Ubicación de archivo con Autorrecuperación puede especificar la frecuencia con la que el programa guardará automáticamente una versión de los archivos con los que trabaje.

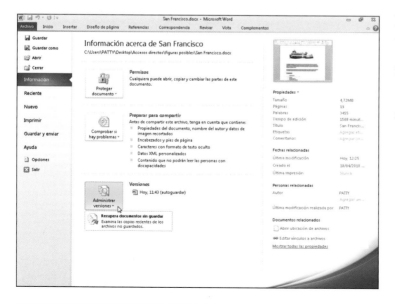

Para recuperar documentos sin guardar:

1. Seleccione Información de la ficha Archivo.

2. Haga clic en la flecha desplegable del botón **Administrar versiones** y seleccione una de las opciones proporcionadas, que variarán dependiendo de la aplicación desde donde desee recuperar el documento.

Otras opciones de guardado

A lo largo del libro hemos aprendido a guardar archivos y a enviarlos en forma de documento adjunto mediante un mensaje de correo electrónico. Pero existen otras opciones, dependiendo de la aplicación donde haya generado el documento, siendo las más importantes las siguientes:

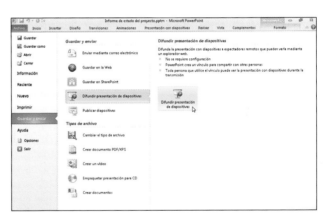

- **Guardar en la Web:** Permite guardar el documento en un sitio Web.
- **Guardar en SharePoint:** Guarda el documento en un sitio de SharePoint para poder colaborar con otras personas.
- **Publicar como entrada de blog:** Con esta opción puede publicar el documento abierto en un blog.

PowerPoint incluye además las siguientes opciones:

- **Difundir presentación de diapositivas:** Permite que espectadores remotos visualicen su presentación desde el explorador Web predeterminado de su equipo.
- **Publicar diapositivas:** Permite publicar la presentación en una biblioteca o en un sitio SharePoint.

Publisher permite además empaquetar aplicaciones:

- **Guardar para una impresora comercial:** Permite guardar la publicación para una impresión comercial, ofreciendo diversas opciones y un asistente.
- **Guardar para otro equipo:** Prepara la publicación para llevarla a otro equipo con ayuda de un asistente.

Revisión de documentos

Office proporciona diversas opciones de revisión de documentos, que varían de una aplicación a otra, pero con las que en general podrá revisar su documento además de ayudarle en la creación del mismo.

- Seleccione la ficha Revisar y haga clic en **Ortografía y gramática** del grupo Revisión. Se abrirá el cuadro de diálogo de la revisión, cuyo nombre variará de una aplicación a otra.

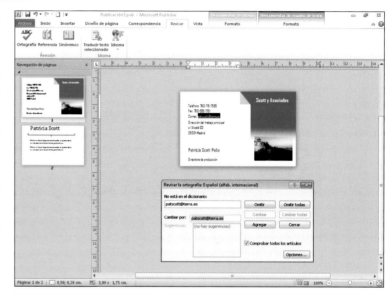

- Haga clic en el botón **Referencia** para realizar una búsqueda en diversos servicios:

  - Se abrirá el panel a la derecha de la pantalla, donde puede escribir el término buscado.
  - Para añadir más referencias a la búsqueda, haga clic en el vínculo Opciones de referencia. En el cuadro de diálogo que se abre, seleccione las opciones deseadas y haga clic en **Aceptar**.

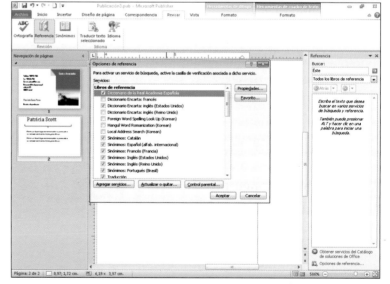

- Haga clic en el botón **Sinónimos** para abrir el panel Referencia con las opciones de búsqueda de sinónimos.

Truco: Para abrir rápidamente el panel de referencias, pulse **Alt** y haga clic.

Recortar imágenes

Para recortar imágenes en Office:

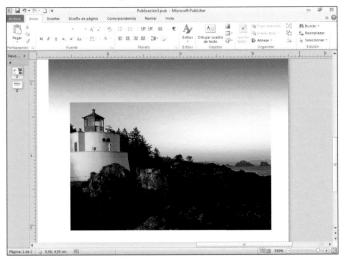

1. Seleccione la imagen que desee recortar haciendo clic sobre ella.
2. Haga clic en la ficha Formato de Herramientas de imagen.
3. Haga clic en el botón **Recortar** del grupo del mismo nombre.
4. Arrastre los controladores de recorte y haga clic en nuevo en el botón **Recortar** para aplicar el recorte.

Dependiendo de la aplicación en la que se encuentre, podrá utilizar otros comandos:

- **Ajustar:** Ajusta el tamaño de la imagen para mantener la relación de aspecto original.
- **Relleno:** Cambia el tamaño de la imagen para que se llene el área de la imagen completa.
- **Borrar recorte:** Quita el recorte de la imagen seleccionada.

A través de las opciones del grupo Tamaño, podrá modificar el tamaño manualmente:

- Escriba un número en Alto de forma para modificar la altura.
- Escriba un número en Ancho de forma para modificar la anchura.

Truco: En lugar de escribir un número en los cuadros de tamaño, puede hacer clic sobre las flechas correspondientes.